岭南师范学院广东省中小学教师发展中心研究成果

广东教育科研"十三五"规划2020年度教育科研重点项目

"弘毅教育的研究与实践"（编号：2020ZQJK041）

校本实践研究丛书

主编 王林发

弘毅教育的探索与实践

林文明 黄田秀 ◎ 著

海峡出版发行集团 | 福建教育出版社

图书在版编目（CIP）数据

弘毅教育的探索与实践/林文明，黄田秀著. —福州：福建教育出版社，2024.6
（校本实践研究丛书/王林发主编）
ISBN 978-7-5334-9532-9

Ⅰ.①弘…　Ⅱ.①林…　②黄…　Ⅲ.①中学教育－教育研究　Ⅳ.①G632.0

中国版本图书馆 CIP 数据核字（2022）第 222743 号

校本实践研究丛书
主编　王林发

Hongyi Jiaoyu De Tansuo Yu Shijian
弘毅教育的探索与实践
林文明　黄田秀　著

出版发行	福建教育出版社
	（福州市梦山路 27 号　邮编：350025　网址：www.fep.com.cn
	编辑部电话：0591-83727542
	发行部电话：0591-83721876　87115073　010-62024258）
出 版 人	江金辉
印　　刷	福州德安彩色印刷有限公司
	（福州市金山工业区浦上标准厂房 B 区 42 栋）
开　　本	710 毫米×1000 毫米　1/16
印　　张	10.25
字　　数	152 千字
插　　页	2
版　　次	2024 年 6 月第 1 版　2024 年 6 月第 1 次印刷
书　　号	ISBN 978-7-5334-9532-9
定　　价	40.00 元

如发现本书印装质量问题，请向本社出版科（电话：0591-83726019）调换。

前　言

2010年，教育部颁布《国家中长期教育改革和发展规划纲要（2010—2020年）》，此纲要在指导思想和工作方针中，明确指出要"树立以提高质量为核心的教育发展观，注重教育内涵发展，鼓励学校办出特色、办出水平，出名师，育英才"。2017年1月，广东省教育厅印发了《广东省教育发展"十三五"规划（2016—2020年）》，在高水平高质量普及高中阶段教育部分明确提出"推动普通高中优质多样特色发展，分类指导普通高中全面创优，深入实施薄弱普通高中改造提升、优质普通高中再提升计划"。这些文件的出台，使我校（湛江市第十中学）有了新的发展目标、方向。同时，学校的教育也有了新的探索和实践。自2014年以来，学校开始建立弘毅教育体系，经过近几年的实践，弘毅之花绽放得格外鲜艳美丽，我校取得了丰硕的教育成果。在此背景下，我们编写了《弘毅教育的探索与实践》这本书。

本书主编林文明自2014年以来，承担了广东省教育科研"十二五"规划2012年度研究项目"地方历史文化资源转化为德育资源研究——以雷州文化等为考察视角"和广东省教育科研"十三五"重点科研项目"教育现代化背景下欠发达地区教师专业成长特征与影响因素——以湛江为例"。在近三年的研究中，出版了《学校细节管理的执行力》《赢在坚持：名师走向卓越的原动力》两部专著，并分别在《湖南科技学院学报》《宿州教育学院学报》《广东教育》《语文教学通讯》《成功之路》等刊物发表了十多篇学术论文。在2018年，研究成果更是荣获市级教学成果奖一等奖。

此外，本书主编是中学语文正高级教师、市首批名校长培养对象，现任广东省某中学校长。曾参加初中高各级校长研修班、市高中校长素质提高研修班、市校园特色文化建设校长培训班、市名校长培训班、2015年广东省中小学校长省外跟岗培训班等培训，在教育教学管理方面，有着丰富的管理经验和较高的理论水平。弘毅教育在我校近几年的实践中，形成了较为成熟的教育系统，铸造了学校特色文化品牌，积累了丰富的教育教学管理经验和案例。在此基础上，我们对这几年来弘毅教育的实践历程进行了系统回顾和梳理，最后推出了《弘毅教育探索与实践》这本书。本书不仅是对学校弘毅教育办学特色的实践经验总结，也是我校由薄弱学校向优质学校转型所开创的一条新路径，可为各中学推广弘毅教育实践或薄弱学校向优质学校快速转型提供一个良好的范本，同时提供相应的教育实践指导。

本书以"开展弘毅教育，彰显学校特色，促进学生健康成长"为价值导向，探索以弘毅教育落实素质教育、推动学校快速发展的机制和实践路径。本书共有六个章节，内容包括弘毅教育的理论构建、弘毅教育的校园文化建设、弘毅教育的教师教育、弘毅教育的学生教育、弘毅教育的课堂改革以及弘毅教育的实践效果。

本书主要突出两个特点：一是对学校开展深入持久的弘毅教育实践路径、策略、系统进行了详细的分析。在弘毅教育实践中落实"弘毅教育，彰显特色，健康成长"的办学理念和教育思想，是一项复杂而又系统的工程。它包括学校的育人目标、弘毅校园文化硬件建设和软件建设、弘毅教师教育系统、弘毅学生教育系统、弘毅教育管理系统和弘毅教育评价系统等诸多方面。二是对弘毅教育理论研究与实践之间进行了探索。所谓弘毅教育，是指应用教育心理学、教育激励学和教育管理学理论，激发和唤醒学生内动力，使学生从"被成长"中产生生命自觉，让学生用自己的力量成长，最终达到成人成才目的的一种精神教育。弘毅教育要真正发挥作用，就必须坚持弘毅教育理论与实践相统一的原则。

另外，本书集中了近几年来弘毅教育的实践经验与反思，为弘毅教育实践提供了具体可行的借鉴方案，希望这些教育实践经验与思考，能够对中小学特色办学起到一定的帮助作用，促进中小学全面创优。

由于编著者水平有限，书中难免有不当之处，欢迎广大读者朋友们批评指正。

目 录

第一章 弘毅教育的理论构建 ··· 1
第一节 弘毅教育的主题渊源 ··· 3
第二节 弘毅教育的核心内涵与基本特征 ······························· 10
第三节 弘毅教育的理论基础与价值意义 ······························· 18

第二章 弘毅教育的校园文化建设 ·· 27
第一节 弘毅校园的文化主题与硬件建设 ······························· 29
第二节 弘毅校园的文化主题与软件建设 ······························· 37

第三章 弘毅教育的教师教育 ··· 51
第一节 弘毅教师教育的途径 ··· 53
第二节 弘毅教师教育的体系 ··· 63
第三节 弘毅教师教育的策略 ··· 73

第四章 弘毅教育的学生教育 ··· 83
第一节 弘毅学生教育的过程 ··· 85
第二节 弘毅学生教育的目标 ··· 94
第三节 弘毅学生教育的原则 ··· 100

第五章　弘毅教育的课堂改革……………………………………… 109
　　第一节　弘毅教育课堂改革的特征……………………………… 111
　　第二节　弘毅教育课堂改革的模式……………………………… 119
　　第三节　弘毅教育课堂改革的策略……………………………… 127

第六章　弘毅教育的实践效果……………………………………… 137
　　第一节　弘毅教育的实践成效…………………………………… 139
　　第二节　弘毅教育的问题反思…………………………………… 145
　　第三节　弘毅教育的下步设想…………………………………… 150

后记……………………………………………………………………… 157

第一章 弘毅教育的理论构建

学校发展理念是一所学校的办学灵魂与宗旨，承载着学校的历史渊源与文化血脉，扎根于当地的人文地理与风土人情。办好优质、特色化的教学，离不开凝练明确而又深刻隽永的办学理念的指导。我校秉承学校办学理念的历史性、地域性、人文性、时代性等提炼原则，结合学校过往历史与实际情况，融合中国儒家"士人教育"思想与现代教育思想，挖掘提炼出"弘毅"作为学校的核心文化符号，制订了"弘毅教育，彰显特色，健康成长"的办学理念，要求学生树立志向，磨炼意志，锻炼品性，发奋追求；以此启发学生从内心深处出发，把自强自律的精神内化为奋发前进的力量，发现自我，超越自我，成就自我。

　　弘毅教育立足于学生的潜能发掘与终身幸福，以"宽广"与"强毅"为培育学生终身品质的两大主题。在借鉴国内外成人弘毅教育和企业弘毅培训模式的基础上，重视知情意行的统一，初步形成较为切实可行的弘毅教育的体系化模式。在实施上，通过建立弘毅教育教授、环境、实践与评价四大系统，以促进学生良好行为习惯和品质的养成，增强学生的成才意识与自我认识能力，逐步培养师生的弘毅意识和能力，建设和谐校园。

第一节　弘毅教育的主题渊源

弘，广大；毅，强毅。弘毅意为宽宏坚毅、刚强勇毅，蕴含学校对学生抱负远大、意志坚强的希冀与寄望。弘毅教育理念提取于儒家经典《论语·泰伯篇》中的"士不可以不弘毅"，融合了中华传统文化和现代教育培养学生成功品质的思想，是我校德育特色之一。弘毅传承了我校在创业过程初期的办学传统精神，意在激发和唤醒学生内动力，使学生从"被成长"中产生生命自觉，让学生用自己的力量成长，最终达到成人成才的目的，这一理念也是办学顺应时代发展对人才素养的要求，培养学生受用一生的成功品质的体现。让学校教育任务回归为学生终身发展和成功服务的本源，立足学校实际，帮助学生把握人生发展的黄金时期，尽最大努力实现自身的潜在价值。这是学校对学生个人负责的基本态度，更是对国家、社会、民族负责的态度。

一、弘毅教育的理论渊源

（一）中华传统文化的启发

1. 儒家文化的辩证提取

弘毅取自《论语》中曾子所说的"士不可以不弘毅"。在儒家的教育思想中，这是教人要敢于以天下为己任，要有兼容并包的广大情怀，志向远大而虚若怀谷，也要有百折不挠的坚韧精神，以及面对困难敢于挑战的勇气和持之以恒的毅力。[1]儒家"先天下之忧而忧，后天下之乐而乐"的"天下理想"中蕴含着志存高远的远大抱负和任重道远的理想担当，以培养有志之士为社

---

[1] 李小刚. 叙事学视域下儒家入世思想论述［J］. 吕梁学院学报，2016（3）：20—23.

会创造更多的价值，推动国家的和平发展与繁荣昌盛。"天下兴亡，匹夫有责"的家国担当与使命感深植于儒家的思想根源中，这种积极入世的态度对社会发展具有十分重要的影响和激励作用。培养有远大理想的弘毅之士，除了能为社会提供更多的思想成果以外，这种社会道德感对推动社会进步也有着深远的影响，是中华传统文化给予现世的智慧启示。

2. 传统与现代的融合与发展

在曾子的教育主张基础上，结合现代社会培养学生成功品质等融合发展而来的弘毅教育，既是对中华传统文化精神的丰富传承，也是与时代精神的有机融合。传统儒家提倡知识分子诚意正心、以天下为己任的教育思想，在新时代的背景下发展为有理想信念、意志坚定、持之以恒的时代品质。尽管与当今时代相比，传统社会儒家教育的最终目的有所不同，但这种为社会培养有责任心、有目标、有信念、有毅力的人才的理想与现代社会实现个人价值及国家价值的精神不谋而合，也丰富了现代人实现自我价值和探寻人生意义的内涵和维度。在知识更新和社会发展日新月异的今天，坚定的意志和信念能让人不被外部的纷繁扰乱内心，将精力充分运用到提升自我和实现理想中去，这对国家和社会的和谐发展都具有不可忽视的促进作用。

（二）学校办学传统的传承

1. 历史与现实

湛江市第十中学具有悠久的办学历史，自1976年办学，已历经三十八个春秋，承载了一定的文化积淀。湛江市第十中学的校址原是一处废旧的砖厂，处偏远山头。为了扩建校园，前一代人进行过"愚公移山"式的劳动。当时学校教室多为砖厂旧平房，雨天漏水，校园泥淖，到了雨季更是寸步难行。但即使学校条件极其简陋，学习生活非常艰苦，当时的师生们也没有因环境的恶劣而有所懈怠，反而意气风发、斗志昂扬，挑灯夜战，求知学习的氛围非常浓厚。"穷且益坚，不坠青云之志"是当时十中精神的真实写照，激励着当时十中的师生并传承至今。四十余年来，十中排除万难寻求发展，致力于制订学校的特色办学思想体系，完善了办学理念、办学目标、校风学风的建设，始终铭记开校时的艰难与不易，循着往昔的路途与足迹，继续未来前进的路程，踏实求进，耐心沉淀。

2. 办学特色及理念

特色教育是我校优秀的学科传统，我校是湛江市足球、篮球、田径等传统项目的特色学校，历年来在体育、艺术方面皆取得突出的成绩；在创建学科特色上，努力发展体育、艺术教育也符合学校发展实际。为兼顾学生德智体美劳全面发展，促进学生健康成长成才创造条件，我校努力发展体育、艺术教育，认真总结，积极筹划，创建学校品牌。在发展德育弘毅教育、学科特色的同时，我校注重兼顾学生德智体美劳全面发展的任务，积极创造所需条件，促进学生健康成长成才。坚持以学生为主体，以教师为主导，充分发挥学生的主动性，把促进学生成长成才作为学校一切工作的出发点和落脚点；关心每个学生，促进每个学生主动地、生动活泼地发展；尊重教育规律和学生身心发展规律，致力于为每个学生提供适合的教育，以源源不断地培养造就大批高素质劳动者、高技能的专门人才和拔尖突出创新人才。

3. 弘毅的创新与发展

在引入弘毅教育的过程中，我校对弘毅教育理念进行了一系列系统的梳理与规划工作。结合学校实际与弘毅教育、"弘毅培训"的经验，总结与提炼出弘毅教育精神。我校深知育人不仅是要让学生尽可能地取得学业上的成就，也不止步于短期的进步与成长，其根本应在于为学生的终身发展与成功服务。美国教育家斯金纳（B. F. Skinner）曾说："如果我们将学过的东西忘得一干二净时，最后剩下来的东西就是教育的本质了。"所谓"剩下来的东西"，其实就是一个人在追求人生成功中应该具备的基本品质。为学生终身发展服务，就应该摒弃那些急功近利的做法，把重点放在对学生一生起着关键作用的品质培养上。基于这一理念，我校在弘毅教育办学理念的提炼中，剔除儒家的"舍己为人"等思想，使弘毅精神更加关注到个人内在，关注社会与个人的双向发展，为学生的全面健康发展奠定良好的品德基础。

二、立德：弘毅教育的本质

（一）弘毅品质培养是时代发展的要求

当今世界，知识更新速度越来越快，社会对人才的要求越来越高。然而，很多家长抱着"考上大学就是成功""大学毕业就有工作"的观念，忽视了对孩子的成功品质的培养。这导致了一部分中学生进入大学后，变得无所适从，甚至自暴自弃。因此，如何尽早培养孩子们可以受用一生的成功品质，如何为社会培养富有德性和富有自我激励精神、敢于和善于应对人生各种挑战、努力追求成功的年轻一代，是摆在我们广大教育者眼前的一个重大课题。此外，核心素养为人才培养提出了新的要求，责任担当作为核心素养的重要组成部分，具有重要的意义。培养学生的社会责任已成为教育德育工作中的重要内容，作为教育部门，作为人才培养基地的学校，应当及时引进弘毅教育的理念，培养学生良好德性与成功品质，遵循培养学生核心素养的总体方向，致力于培养学生的思想道德修养和身心素质，帮助学生构建正确的世界观、人生观、价值观并形成坚持不懈的意志品质，培养其适应终身发展和社会发展需要的必备品格和关键能力。

（二）弘毅教育是学校德育发展的需要

弘毅教育是适应学校德育实效性和科学性提高的需要。随着社会经济文化的发展，德育工作面临着越来越多的新问题、新情况。网络文化的泛滥、单亲家庭的日趋增加、隔代抚养教育的普遍增多、独生子女的百千宠爱集一身、家长的重分轻德、学校在高考指挥棒重压下的急功近利、现代快节奏社会下家长和孩子沟通的缺乏，等等，这一切都给孩子的健康成长带来了一系列的难题。学生的心理问题、品行问题越来越突出，自理能力、抗挫折能力、社会生存能力越来越令人担忧。学校德育工作的实效性和科学性，引起人们越来越多的忧虑和思考。美国人本主义心理学家马斯洛认为人有五种基本需要：生理需要、安全需要、归属和爱的需要、尊重需要以及自我实现的需要。其中，自我实现的需要（包括对成功的需要）是最高层次的需要。根据马斯洛的理论可知，学校德育要切实提高实效性，必须从激发学生的成功需要即成就动机出发，引导学生追求真善美，从而培养起良好的心理和行为品质。以激发志向、培养意志、养成良好的品质修养，从而走向人生成功为目的的弘毅教育，符合德育的内在规律，丰富了德育工作的内涵，为提升德育效果提供了新路径。

（三）弘毅教育对学生发展具有促进性

弘毅教育有助于激发学生潜能，促进学生多元化发展。美国心理学家加德纳（Howard Gardner）的多元智能理论认为，人的智能主要由语言智能、逻辑—数学智能、空间智能、音乐智能、身体运动智能、人际智能、自我认识智能和自然智能八种密切联系又相互独立的智能组成。上述各种智能只有领域的不同，而没有优劣或轻重之分。每个学生都有可发展的潜力，只是表现的领域不同。因此，我们始终要以促进每一位学生的发展作为最终目的，引导学生发掘自身潜在的优势智能领域，并促进其优势智能领域的优秀品质向其他智能领域的迁移。中学生正处于人生发展的关键时期，对学生开展系统的弘毅教育，有助于让学生认识自己的发展潜能，更好地认识自己，找到适合自身的努力方向，并学会自我控制和管理，尽最大努力实现自己的潜在价值。良好的品质养成后，能帮助学生更好地适应新环境、迎接新挑战，引导学生自我树立坚定的目标，逐步学会把握和掌控自己的人生，使其成长为有品德、有志气、有勇气、敢追求的青年一代。

三、"立德"与"立志"的结合：弘毅教育观的宗旨与目标

（一）弘毅教育是立德树人的重要内容

立德为先，树人为本。教育要引导学生树立正确的世界观、人生观、价

值观和荣辱观，培养德智体美劳全面发展的"和谐的人"。党的十六大以来，更是强调坚持育人为本、德育为先，把立德树人作为教育的根本任务，要求教育致力于"让每个孩子都能成为有用之才"的理想。弘毅教育明确牢固树立立德树人的教育理念，注重培养学生的核心品质与品德，培养学生积极坚韧的心理品质与乐观向上的品格，强调关注学生的内心世界，塑造学生的美好心灵。在学科教育与日常生活中融入弘毅教育，有助于推行"育德"与"增智"相融合、相促进的创新德育形式，不断提高德育工作的针对性、实效性。弘毅教育注重培养学生坚韧品质与远大理想信念体现了新时代的精神，是帮助广大青少年正确认识中华民族的历史与未来，构建其强大的理想与道德支撑的良好途径与方式。这不仅有助于学生成为有知识、有能力的优秀人才，对培养学生健全人格、促进学生身心健康发展也有一定的促进作用。弘扬弘毅教育的过程，是学校进行思想道德教育与身心健康教育的过程，也是学校遵循教育规律与人才培养规律，践行"立德树人"使命的过程。

（二）弘毅教育观重视学生意志的培养

我校生源主要来自湛江市霞山区，基础相对薄弱。加上部分家庭教育的重智轻德，忽视心理健康教育，导致学生普遍感到学习压力沉重，却不知道为何要学习。学生缺乏生活的独立性和自主性、人际交往的宽容性和灵活性、追求理想的坚定性和持久性、面对挫折的预备性和坚韧性，属于典型的"柔弱且迷惘"的一代。选择弘毅教育，激励学生树立志向也因此成为我们的必然选择。我校制订了"弘毅教育，彰显特色，健康成长"的办学理念以及"吾日三省，日有长进"的校训。在认知上，要求学生树立坚定的人生志向，磨炼意志，锻炼品性，发奋追求志向。加强思想修炼，增进学生对弘毅思想的理解，引导其深入反思，从内心深处出发，把自强自律的精神内化为奋发前进的力量，发现自我，超越自我，成就自我。在实践中，坚持以弘毅教育思想引导学生，在日常学习生活中注重与学生进行及时沟通，反馈个人在不同阶段的实践收获与评价，让学生学会自我教育、自我检查、自我激励，帮助学生树立明确的行动目的①，让其在战胜困难的磨炼中逐步形成坚忍的意志品质；在激励方式上，注重激发学生的行为动机，将精神激励与物质鼓励相结合，及时发现学生的问题行为并给予及时的纠正与引导，提高和维持其意志水平，从而帮助学生朝着预期目标不断前进。

（三）弘毅教育观以学生终身发展为基点

学生是处于发展过程中的人。学校教育应回归为学生终身发展和成功服务的本源，培养全面而有个性的人，使其既具备科学意识与面向未来的发展意识，也具备坚实的人文素养与核心素养。②哈佛大学研究结果表明，人生成就至多有20%归诸智商，80%则受其他因素影响，如意志力、自信心、情绪控制、人际关系、团队精神、自我激励、思考方法等。这些决定了学生终身发展的成功品质的培养有赖于系统的弘毅教育的实施和开展。弘毅教育坚持立足于学生的潜能发掘，立足于学生的终身成功和幸福，关注学生的兴趣需要，积极探寻能真正走进学生内心的教育工作方式，致力于培养学生受用一生的良好品质。在精细落实上，将为学生终身发展奠基作为办学目标，努力创设良好的校风、学风环境，以达到潜移默化影响学生思维发展与良好习惯养成的目的。始终坚持以学生的可持续发展为原则，全方位培养学生的科学意识与人文素养，为学生的成长成才提供更加丰富与深厚的精神涵养，提高学生的思想境界，拓宽学生的思维视野，帮助学生在全面深入地认识自我的基础上探寻更多的可能性，从而为其人生发展方向的选择打下更坚实的基础。

（四）弘毅教育观发展"士人教育"理念

《管子·小匡》有言："士农工商四民者，国之石民也。"中国古代士人以"治国平天下"为人生理想和抱负，这一阶层出身于不同阶级的人，由于某种相同的特征而形成社会集团，例如以脑力劳动为主的知识分子。儒家的士人

---

① 王萍. 社会主义核心价值观的意志培养［J］. 山西青年，2017（14）：261.
② 王新宇. "完整教育"：为学生终身发展奠基［J］. 辽宁教育，2020（18）：38—40.

教育，能让人将伟大的目的视为人生价值的实现方式，为伟大的命运而奋斗产生强大精神和动力，以及在需要的时刻爆发出伟大的智力和能力。弘毅教育吸收儒家"士人教育"的这种精神理念，在此基础上进一步拓展和延伸，从而丰富和发展弘毅教育的理念。将士人对实现理想的强大信念融入引导学生"立志"中，结合现代社会发展的需求，将"士人教育"中修身齐家治国平天下的信念优化和注入时代精神与积极进取的元素，在这一基础上发掘出更多适合学生成长与发展过程中所需要的精神养分，重塑和提炼成为符合社会主义建设发展要求的理念思想。在中华传统文化中，儒家士人精神对历代知识分子都影响深远，它也能给现世人提供深刻的启发和影响。吸取"士人教育"中的积极成分以服务学生终身成长，不仅有利于优秀传统文化的传承，也有利于为培育和启发学生的工作提供深刻而有意义的思想精髓。

第二节　弘毅教育的核心内涵与基本特征

一、弘毅教育的核心内涵

（一）激人奋进的持久精神力量

弘毅教育应用心理学、教育激励学和教育管理学等方面的理论，通过科学的方法激发和唤醒学生内动力，使学生从"被成长"中产生生命自觉，让学生学会用自己的力量成长，最终达到成人成才的目的。品德优先，兼顾智力。只有将知识与品德、意志、价值观等非智力因素相结合，才能培养造就出人格健全、德才兼备的人才。[1]

---

[1] 申金生. 弘毅校园文化品牌构建[J]. 教育，2020（52）：6.

意志力的培养对于一个人的发展具有关键性的作用，它影响着个人未来发展的方向和人生价值的实现程度。弘毅教育依据自控力科学的理论，帮助学生认识"我要做""我不要"和"我想要"这三种意识的精神力量，通过有意的注意来引导学生学会控制大脑中三种意识的平衡；在帮助学生确认和树立起中长期的目标后，让学生时常用此来约束自己的行为习惯，分清当下所做事情的轻重缓急，优先选择处理紧急和重要的事；在学生自制力不够强的情况下，引导其记起自己真正想要实现的目标，并设想把当下的时间用在不同事物的后果，从而逐步调整自己的心态和意志力去做好当下的事情，提高学习的专注力和注意力水平。

同时，这种意志力的培养并不意味着要学生一直处于紧绷的自控状态中，成为过分控制自己而影响健康的人；自控是要把握在一定的合理范围和程度内，不能影响学生的正常生活。在培养学生适度且平衡的意志思维习惯下，目标的长期性和科学细化使弘毅教育得以转化为学生前进道路上的持久精神动力，帮助学生学会调整注意力，掌握松弛有度的方法。

（二）目标的导向引领与动力激发

弘毅，谓之抱负远大，意志坚强。此处的抱负即为对成功的追求，是个体生存的本质需求。对成就的需求会促进个体树立目标，对个体发展产生良性的导向作用，引导个体在追求成就过程中积极行动。目标的导向与管理对激发学生学习动力具有良好的促进作用。学生根据目标的导向，适度调节渴望自身综合素质和能力得到提升的心理状态水平，使自己处于积极活跃的行为状态当中，从而更加善于发现学习与提高的机会；对失败与挫折的承受能力也得到增强，更加愿意挑战困难的任务，最终形成成长型的思维模式。当学生形成了较高水平的成就取向和成长型思维，以获取进步和增长经验作为行为的正反馈时，学生的成就动机将会更为明显。为了获取更多的新知识与新技能，学生会更加愿意利用每一次机会尽可能地高效学习，付出更多的努力来换取更高水平的知识技能，这个过程中形成的动机是十分强烈和明确的，它能够给个体提供更充沛的精神动力，促进个体的成长。同时，致力于帮助学生学会目标自我管理的方式，使学生不再仅靠外部的管理支持获得发展，而是能更多有效地激发其内在动力，为自我的学习与发展产生更持久和有力的支持。

（三）国家与个人发展关系的平衡

弘毅教育重视对学生家国情怀的培养，在学习生活中引导学生不断深化个人对于国家的情感。学生自我发展和国家发展是紧密结合在一起的，因为有无数个体的存在，国家的发展才有源源不断的充足保障；个人发展的结果也会影响社会的稳定和谐，影响国家的世界地位。在这样的环境下，只注重个人的利益的精致利己主义者不是我们的培养目标，只有将所学需要毫无保留地贡献给社会，学会与他人团结合作，相互学习和促进，才能让不同的优势力量拧成一股绳，从而产生更大的创造力。学生的眼界与视野将会影响国家未来发展的格局与境界，个体和整个国家社会相比是极其渺小的，个人所追逐的事物放在整个社会大环境里也是微不足道的。然而，当我们每个个体为中国的强大而努力奋发，把自己的梦想与中国的梦想融合与团结起来时，深植于对国家的感情必将使未来的道路走得更宽广、更充实。

弘毅教育对学生理想和目标的引导不仅是为了个体的发展，更是为了个人与国家实现共同的发展。在个体发展与国家发展之间找到平衡点，让学生能正确认识和处理好个人与国家的关系，懂得感恩和回报社会是弘毅教育的重要目标之一。为实现这一目标，学校在树立理想信念的过程中，帮助学生将个人理想上升到与国家发展相结合的层面，把促进国家的发展与进步看作是人生价值的实现；引导学生关注时事和国家的前途命运，思考自身怎样的成长才能使自己在祖国的发展中承担起更为重要的社会责任，在未来的社会工作中贡献自己的更多的力量。同时，为自己寻找到更合适的发展空间，使自我的价值得到实现与发展。

二、弘毅教育的基本特征

（一）弘毅教育致力于学生终身成长

1. 弘毅教育旨在培养人的自觉性与创造性

弘毅教育的体系与内容都围绕着学生的终身成长而构建，以培养学生的自觉性与创造性。人一生的成长与进步，重要的不是借助外部的力量约束自己，而是要有自律的意识，培养较为强大的自控能力和自我管理能力。过去的学校管理，存在太多对学生过度干涉的现象，留给学生自学、思考的时间和机会却不多，学生没有充分进行自我管理的机会，缺乏一定的自控调节锻炼，内生的自觉性就会产生消退趋势，从而形成主要依靠外部监督来被动学习、懒于思考的不良习惯，长此以往，就对学生的自觉性产生消极影响。弘毅教育模式在制订之初，就针对这一现象进行了思考与分析。我们深知良好的品质伴随学生一生，促进学生终身成长的道理，于是将这一模式理念的宗旨定位在更多地激发学生的自觉性和内生动力上，让学生成为学习发展的主体，学校作为学生成长的引导和辅助，给予学生大方向的规划框架和引领，为学生提供更多元的思考和选择空间，在相对自由和宽松的环境下激发学生走向目标的自觉性；培养学生的创造精神与创造能力，让学生树立起对自己行动力的自信心，在自主规划、行动和收获的良性循环中不断成长，提高创造的积极性与主动性。在拥有正确适当的引导和相对充足的时间条件下，学生在学习中的专注度会得到一定程度的提升，思维能力也会得到有效的锻炼；在提高学习效率的同时，让学生思维变得更加灵活和发散，而开放思维也有助于学生创造性的有效提高，帮助学生收获更多意想不到的成长。

2. 弘毅教育旨在塑造人的道德与精神品质

道德精神力量对人主观能动性的调节具有重要的作用。通过培养学生的个人品德与受益终身的积极精神品质，有助于帮助学生形成健全良好的品格与正确的人生观、价值观，为学生成才路上增加一股强大的精神辅助力量。

品德的养成需要每天一点一滴的积累与沉淀，需要学校与教师的耐心与悉心培养，无论是学校领导、学校职工，或是保洁与守卫工作人员，都要参与"弘毅精神"的践行和监督，为学生成长营造良好的环境氛围。弘毅教育注重学生个人品德、理想信念与意志精神的培养，以良好的品德精神调节和改变学生自身的日常行为，培养坚强的意志力和良好的行动能力。具体实施内容包括，引导学生改变拖延与安于现状的消极心态，改正错误观念与不良行为习惯，正确认识学习与人生的关系，学会独立思考与解决问题，学会正确看待和处理与周围同学、老师的人际关系，对自己有合理的道德品质要求。通过引导学生找到优秀榜样作为引领，树立一套自我评价的标准，规范自身的日常行为，与同学共勉进步，从而促进全体学生的共同发展。

3. 弘毅教育旨在促进个性发展与挖掘潜质

每一位学生都是独立发展的个体，教师不能简单地用统一的标准片面评价或要求具有不同发展需求的学生，把学生都变成"一个模子里刻出来的人"。弘毅教育始终以促进每一位学生的发展为最终目的，根据学生多元化发展的需要，努力发掘学生的不同优势智能领域，引导学生发现自己身上的潜在优势智能领域，并促进其优势智能领域的优秀品质向其他智能领域的迁移。在学习生活中，为学生提供更多尝试、锻炼的机会与表现的舞台，帮助学生全面认识和了解自己，发现自己的优势与能力；尊重每一位学生的理想信念，并引导学生形成积极向上的人生态度，同时提高对待不同于自己的人和事的包容性与接纳性。

学校需改变让学生只关注学习成绩的观念，对不同方面有突出表现和兴趣的学生要给予合理的关注与赞许，帮助学生得到不同领域的发展，让学生在多元化的发展中健康成长，为学生创设多元、开放、包容的校园环境，使其产生更多积极活跃的情绪，从而更好地促进学业水平的提高。在创设包容与开放的校园环境的过程中，要充分了解不同学生的发展需求，吸取学生的不同建议和反馈，让学生参与到自身发展工作当中来，促进学生个性发展工作更加精准与有效地实施。对学生理想信念的培养可以建立在发掘学生的个人潜质与兴趣的基础上，让学生减少为寻找自身真正需求的迷茫感和所耗费的时间，更精准有效地定位自己的人生与未来。

（二）弘毅教育遵循学生本位的思想

1. 弘毅教育以学生主体、教师主导为实施原则

一切为学生的发展服务是弘毅教育的宗旨。我校在营造弘毅氛围和环境，建设弘毅校园文化的过程中十分注重学生意见和提议的收集，让学生更多地参与到校园文化建设当中来，发挥自身的特长和技能，设计学生喜闻乐见的文化宣传形式，让学生成为实现自身发展的主体。在引导学生树立正确的理想信念时，教师发挥总体方向的主导作用，充分尊重学生不同个性的发展特质，引导学生正确认识自我与接纳自我，树立起参与促进自身发展的主人翁精神，鼓励学生积极出谋划策与相互督促，为弘毅文化建设注入一股新鲜而强大的活力，做到让每一位学生都有说话的机会，有能说的话的机会。在学生参与建设的过程中，让学生解决问题的能力水平得到提升，思维能力得到锻炼；让学生成为教育的主体，在主动参与的状态下充分发挥自身的作用，做到主动抓住机遇与寻求发展。

2. 弘毅教育以学生的发展需求为工作中心

学生的发展需求是弘毅教育开展的工作中心。在弘毅教育内容与体系的确立前期，学校对学生的发展状况与需求进行了深入的调查和了解，使教育与学生之间更加紧密地联系起来；以学生的发展需求为设计的导向，充分考虑内容与实施过程的适切性和可行性，选择有助于学生发展的成分与构成。在实施过程中，培养学生会学、善学、学会和学以致用的能力，全面发展与特色发展相得益彰，共同发展与差异发展相互协调，最近发展与持续发展相互兼顾。[1]通过了解不同学生的差异与心理变化，形成差异性教育系统，为学生提供多元化的评价体系与反馈机制，从学生兴趣和经验出发，提供具有独特性的个性化引导。

所有教育成果，应最终体现在学生的行动上，培养可以让学生受用终身

---

[1] 王珍山. 创建以学生发展为中心的学习文化［J］. 江苏教育，2018（42）：52—54.

的成功品质，而不为了让这一教育理念的效果显现，强制要求学生必须达到某一标准。所有的工作开展都紧紧围绕有利于学生终身发展的主题，在推动学生深刻理性思考的过程中，帮助学生发现自己的真正需求，监督和提醒学生的不良行为和表现，促进学生思想的成长和进步，而不是让学生单纯为了个人兴趣放弃学业，或者不知变通，完全忽略自我感受而呆板麻木。

3. 弘毅教育以学生实际表现与实践经验为检验依据

弘毅教育的实践效果需结合学生的实际反应与其他学校教育理念实施的经验作为检验的标准。新的理念实施初期尚未形成较为系统的评价体系，需要不断地探索与完善；检验实施的效果是开展德育工作的重要组成部分，对改善办学理念与理念的实施具有积极的促进作用。在弘毅教育实施到一定阶段的情况下，作为德育主体的学生的表现是最为直接的一种反馈。同时，多样化的内容与个性差异鲜明的学生决定了检验需要更多形成性的评价和定性评价，适当结合总结性评价与定量评价作为辅助。评价标准可借鉴多方面的评价模式作为依据，结合学生的实际情况调整整体的幅度和范围。学生的实际表现是检验弘毅教育实施效果的重要依据，在给予学生表现评价的同时，也为学生提供这一模式实施的评价渠道，让学生积极参与反馈和改善的提议；结合学生一定时期内表现的总体水平进行总结和反馈，激励学生进一步改善和调节自身的行为，继续发挥优势和长处，与其他同学相互学习与促进。

（三）弘毅教育包涵生命教育与价值教育思想

1. 弘毅教育理念的人本性特征

在设计办学理念过程中，学校充分考虑了学生的生命教育与人本性理念的重要性，以关怀学生发展与成长为基点，给予学生充分的人文关怀与理解。在促进学生发展的过程中，弘毅教育的实施结合学生的实际情况与能力水平，调整内容的整体难度与实施的形式，使德育的过程更加丰富和灵动，能引起学生的心理共鸣和对自身发展的思考。增加内容载体的人文性，实施形式虽然大体固定但不死板，允许学生提建议并及时做出微调，尊重学生的主体意见和建议，在可控的范围内尽可能地实现让大部分学生满意的德育。增进学生对弘毅教育内容的理解，让学生体会到学校的德育工作是为了使学生自身得到更好的发展，从而理解学校的德育工作；而不是让一条条冷冰冰的硬性死板规定，使学生无从得知德育的实际目的和意图。只有活起来的德育内容，才有活起来的生气和良好的实施反馈，校园文化不能限制于纸上内容的条条框框，而要走到学生身边来，回到学生当中去，尽最大可能发挥其积极作用和实际效用，从而实现学生的成长与发展。

2. 弘毅教育理念中的爱国情怀培养

弘毅教育中的爱国情怀体现在培养学生的远大理想信念上。个体的成长与进步离不开国家的发展和帮助，离不开社会中每一个体对国家的全力支持和付出。弘毅教育让学生充分认识到树立社会责任感和为国家发展贡献自己力量的必要性和重要性，明白自身发展目标的实现离不开父母、学校和社会对培养自己的付出与投入，培养学生的感恩之心，让学生学会对自己的行为和人生进行管理和负责。

首先，弘毅教育让学生对自己的前途和发展负责，防止学生陷入自我为中心，对任何事情都只考虑自己而忽视他人的误区，不浑浑噩噩、漫无目的地混日子。同时培养学生爱国情怀，感受国家发展对自己生活的普惠影响，树立起坚定的社会责任感，唤醒集体意识与奉献精神，在实现个人价值的同时注重肩负社会责任，发挥自己的所能帮助更多的人，用自己的方式贡献力量回报社会。最后，明确学生与国家发展之间的关系，让学生体会到个体的成就对国家发展的意义和影响，鼓励学生成为有用之人，努力向思想端正、品德修养好、综合素质与能力高，具有创造性和一定影响力的优秀人群靠拢；对自己有要求，对国家前途命运关心和牵挂，将爱国变为自身情感的常态，与国家共同发展。

3. 弘毅教育理念中的价值教育思想

教会一个孩子一项科学知识和让他形成一个价值观念，这两项教育应经常贯穿同时出现在日常教育的各个环节。[①] 价值教育相对于智能教育而言，对

---

① 李一希. 论价值教育的逻辑［J］. 华东师范大学学报（教育科学版），2020（11）：109－118.

学生的价值观念与意识形态的引导更具重要作用，它帮助学生价值观念和价值态度的形成，价值理性的提升、价值信念的建立以及具有正确价值原则的生活方式的形成。[①]弘毅教育在培养学生的过程中注重对学生价值观念的引导，让学生充分认识人生价值的不同层次和意义，了解实现人生价值的途径和多样化的方式，从而帮助学生增进对价值观念作用的理解，形成正确的价值判断和价值选择，为未来的发展打下良好的基石。价值教育对个体行为具有积极的影响，弘毅教育不仅让学生了解社会思想和道德品质，更重视其在学生的行为表现上的体现，重视学生对品德的身体力行。通过理性的方法，帮助学生构建起对弘毅教育精神的认识，让学生在大脑中逐渐形成能够指导自身行为的价值体系，并让学生在学习过程中不断实践和反思，从而得到自身的提升和发展，利用和发挥这一方式对自身成长的作用，促进思维能力和自控能力水平提高。

第三节　弘毅教育的理论基础与价值意义

　　弘毅教育系统的形成根植于中华优秀传统文化的儒家教育思想当中，结合西方弘毅教育思想中让人受益终身的成功品质与宝贵精神，融入中国当代的教育方针与主流思想，展开对弘毅教育思想新内涵的讨论与探究。弘毅教育理论体系的构建，致力于为学生成长成才提供助力，为学校的改革与发展提供有力的理论依据与方向指引，让学校逐步明确自身的定位与办学理念，实现特色办学，创新教育模式、教育理念与方法，最终实现学校办学质量和水平的有效提高。

---

　　① 石中英. 价值教育的时代使命［J］. 中国民族教育，2009（1），18—20.

一、弘毅教育的理论基础

（一）儒家"弘毅思想"

1. **学思结合的学习观**

孔子曾说："学而不思则罔，思而不学则殆。"孔子十分重视学、思、行之间的辩证关系，认为学习是进行思考的基础，思考是借鉴直接经验与间接经验的选择过程[①]，学生在学习中加入深刻的思考，有助于将教师所讲授的知识转变为自己的经验和积累，实现思维水平的进一步提升。同时，孔子还主张学习必须与"笃行"相结合，主张学生要将自身所学应用到道德修养中去，落实到学习生活的一点一滴当中去，这是一个人道德修养是否落到实处的关键。学生将习得的道德认识最终付诸行动，才能在身体力行的过程中提高自身的道德修养水平[②]，培养良好的行为习惯与行动能力。弘毅教育从这一学习观中吸取思想经验，尝试在教学与德育工作中给予学生更多思考的余地和机会，使学生逐步养成自我思考的好习惯，学会主动地联系和思考知识对于自身发展的意义，而不是被动地吸收学校和教师传授给学生的一切，由此才能让学习活起来，让思维活起来，形成主动学习的良好习惯与能力。

2. **个性化教学的教育观**

现代教育的个性化教学思想是儒家教学思想中"因材施教"的传承与发展。儒家对人的个性化差异认识有独特的看法，认为教学要以对学生的了解为关键前提，要科学辩证地看待不同学生的不同"材质"，努力做到因人而教，因时而教。因人而教是指不同的学生，其志向、特长、学习能力和性格特征各有不同，教师在施教的过程中也需要有各自不同的教学偏重，不能贪多务得，不求甚解，使知识只是浮于表面而不能深入。对于"善学者"和

[①] 王明月，左薇娜，郭晓蓓．"学思结合"的内涵、原因及价值[J]．科技风，2020 (17)：85．

[②] 罗红娟．试论儒家的学习态度和学习方法[J]．文教资料，2013 (27)：59－61．

"不善学者",儒家认为要注重"善学者"的引导和示范性的教学,并且要充分发挥学生的主观能动性;对待"不善学者",则需要多付出,多引导,促进学生对知识与能力的接收。[①] 因时而教则是对于教学时机的把握,对于不同年龄大小的学生要选择有差别的教学内容,结合其身心发展规律和特点,循序渐进地把握教学进度;在学生犯错误的时候要抓住时机及时纠正,才能保证教育该有的实施效果。儒家因材施教的个性化教学思想对于当今实现教学公平和人尽其才的教学目标具有积极的启发和指导作用,为弘毅教育理论的构建提供了良好的思想基础。

3. 启发性教学的教育观

孔子主张"不愤不启,不悱不发",在教学上重视启发诱导,引导学生积极思考,反对死记硬背。启发性教学思想旨在培养学生独立思想的能力,《学记》对这一教育思想进行了补充,从教育者的角度说明了"比物丑类"的方法,让学生逐步达到触类旁通的境地。启发思维的关键在于给受教育者提示正确的思考问题的方法,同时要给予正确的理论指导[②],在学生进行独立思考的过程中及时地予以启发和点醒,从而达到更好的学习和领悟的效果。启发性教学将学习的主动权交还给学生,促进学生的创新能力与解决问题能力的培养,让学生成为独立的思想者和学习者,这要求教师要在教学过程中向学生呈现或示范有效思维、认知的过程,使原本隐蔽的认知与思维过程具体化、外在化。[③] 教师在教学中注重开导,加强对学生的疏导和启发,是对传统注入式教学的克服,也是建立相互尊重、相互理解的新型师生关系的要求。弘毅教育思想融入启发性教学思想可以帮助学生将学习目标具体化,从而调动学生自我认识和自我控制的意识,激发学生自我教育的能力,促进学生品德的内化和发展。

---

① 邓伊帆. 从《学记》看儒家因材施教的教育思想 [J]. 宜宾学院学报,2016(8):119—125.

② 章陆. 试论我国古代儒家的教学原则思想 [J]. 浙江师范大学学报(人文科学),1963(1):37—46.

③ 胡森,等. 教育大百科全书:第 8 卷 [M]. 张斌贤,等译. 重庆:西南师范大学出版社,2006:366—367,370.

（二）西方弘毅教育理论

1. 耐心是支持前进的动力

古罗马政治家、哲学家老加图说："耐心是最伟大的美德。"耐心是西方社会对成功人士优秀品质总结的关键词之一，对青少年人格养成和发展具有重要的影响。耐心是一个人的意志力、专注力、品性和信念的集中表现，影响人在完成目标任务的投入程度与最终成果。良好的耐心教育能为学生发展构建起良好的意志系统，帮助学生磨砺心智、锻炼意志，让学生在养成良好习惯的同时，不断收获支持未来的发展的动力。耐心教育不光是对学生的培养，也是对教育者的要求，一个优秀的教育者应该有耐心、爱心，具备高尚的品德、强烈的责任心和事业心。教育者作为社会的重要构成，要更加注重自身良好品质的养成，以身作则地让学生领会耐心付出和长期训练对出众和成才的重要性[①]，让学生在发展过程中收获受益终身的品质和修养。

2. 专注是实现梦想的良方

专注的习惯是决定一个人能否成功完成一件事的关键因素。专注的学习品质是指学生按照自己的意愿或别人提出的要求，调控自己的情绪和行为，始终认真、积极地投入活动过程的一种积极品质，它对学生身心的发展和学习能力的培养，都具有特殊的意义和价值。做事三心二意，无法集中注意力做好当下需要完成的任务，将会影响整个过程的进度和最终的结果。在信息社会急剧发展的今天，越来越多的事物吸引着人们有限的注意力，这对于身心发展尚未完善的青少年来说更是一种挑战。新奇变化、占据流量的事物容易让人在形形色色的盲目选择中失去判断力和意志力；沉浸于短期的成就感和暂时的满足感当中，使人逐渐失去实现长远目标的持续动力。而真正实现人生理想的过程需要长期的坚持与大量的付出，需要专注的投入和始终如一的努力，日积月累的坚持和进步要比短暂的点滴满足更加长久有效。专注是"锲而不舍，金石可镂"的付出和坚持，是认定方向后不轻易改变和放弃的信

---

① 唐晓彤. 耐心是人类最伟大的美德：论小学"耐心教育"与人格育成[J]. 考试周刊，2020（25）：11—12.

念和决心，弘毅教育鼓励学生树立远大的理想信念，这不是一个简单的口号和空想，而是要学生结合实际设立的可行目标，让学生在每一天专注的投入中向目标更近一点点，让学生在付出与实现目标的过程中收获快乐与成就感。

3. 勇于承担是成功的基石

承担责任是一个人成熟而有底气、有信心和勇气的表现，人在面对困难和利益冲突时容易被眼前的事物迷惑双眼，而勇于承担的责任心可以为我们驱散眼前的迷雾，点亮心中的明灯，在分岔口中找回通往理想的正确方向。一个人的成功会受到很多因素的影响，包括客观的影响因素和先天的限定条件，但人们可以控制和改变的是后天养成的习惯和品质。勇于担当的人一定是一个愿意付出和为他人更好发展服务的人，对自己有一定的要求和完善自我的期望。良好的责任心意识有利于学生在成长过程中培养自己的胸襟和心性，学会容纳他人的不足和评价，在为他人服务的过程中得到更多锻炼自我的机会和条件，从而更好地实现自我、发展自我，以自身的发展带动更多人的发展，为社会的进步提供更多鲜活的生命力与创造力。

（三）核心素养下的弘毅教育的基本内涵

1. 文化基础，人文底蕴

中国学生发展核心素养以培养"全面发展的人"为核心，重视学生文化基础的培养，要求学生掌握和运用人类优秀智慧成果，涵养内在精神，追求真善美的统一，成为有宽厚文化基础、有更高精神追求的人。弘毅教育从培养学生人文底蕴出发，关注学生在学习、理解、运用人文领域知识和技能等方面所形成的基本能力；培养学生的情感态度和价值取向，人文积淀、人文情怀和审美情趣；培养学生以人为本的意识，尊重、维护人的尊严和价值；培养学生关切人的生存、发展和幸福等品质。基于"核心素养"对学生发展的人文底蕴要求，培养学生"弘毅品质"，引导学生主动接受中华优秀传统文化的熏陶和滋养，以良好的精神品质作为人生发展的导向和激励，逐步发展成为社会发展需要的人才。

2. 自主发展，学会学习

自主性是人作为主体的根本属性。自主发展，重在强调学生能有效管理自己的学习和生活，认识和发现自我价值，发掘自身潜力，有效应对复杂多变的环境，使自己发展成为有明确人生方向、有生活品质的人，成就出彩的人生。"核心素养"要求学生要学会学习，主要是学生在学习意识形成、学习方式方法选择、学习进程评估调控等方面的综合表现，具体包括乐学善学、勤于反思、信息意识等基本要点。此外，"核心素养"要求学生要学会健康生活，学生需在认识自我、发展身心、规划人生等方面得到发展，学会珍爱生命、健全人格以及自我管理。弘毅教育综合"核心素养"的这些要求，将自我教育的权利交还给学生，为学生认识自我，发掘自身潜力创造条件，鼓励学生自强自律，发现自我，成就自我。

3. **社会参与，责任担当**

社会性是人的本质属性。社会参与，要求学生学会处理好自我与社会的关系，遵守和履行现代公民所必须具备的道德准则和行为规范，增强社会责任感，提升创新精神和实践能力，促进个人价值实现，推动社会发展进步，使自己发展成为有理想信念、敢于担当的人。责任担当要求学生在处理个人与社会、国家、国际等关系方面具有良好的情感态度、价值取向和行为方式，培养自身的社会责任、国家认同与国际理解。弘毅教育以培养学生的社会责任感与良好的道德品质为目标，培养学生的家国理想与坚定信念，激发学生的爱国热情，树立投身祖国发展与社会建设的价值信仰，为实现个人价值与社会价值建立沟通的桥梁，促进个人与社会的共同发展。

二、弘毅教育的价值意义

弘毅教育的构建意图出自促进学生和学校发展的期望，为学生的终身发展与成长提供精神动力与指引，为学校发展提供文化凝聚力与科学的理论指导，为促进教育现代化发展贡献一份力量。

（一）有助于增强学生的文化自信与文化认同

文化自信是一个国家和民族对自身传统文化和价值观念的认同，是社会主义精神文明建设和实现中华民族伟大复兴的动力源泉。文化自信的确立和价值观的构建要充分挖掘传统文化的时代内涵，促进其与时代价值的承接，从而增强我国文化自信。① 中华传统文化对个人树立正确价值追求具有积极引领作用，有利于促进个人与社会的发展，弘毅教育以中华传统文化为基石，立足生活实践与社会主义核心价值观，充分挖掘与发扬儒家教育思想中积极成分的作用，以期学生逐步培养自身优秀品质，提高自我认识、自我管理的能力，发展自身的独特个性。同时，促进学生深入了解传统文化的内涵与现世价值，增强对中华优秀传统文化的认同感与归属感，培养学生的文化自信与凝聚力，使学生在纷繁复杂的社会思潮中掌握主流的价值方向，多一份判断的依据，坚持正确的立场，不被事物的表象所迷惑。

（二）有助于为学生成长成才提供精神助力

人的行动离不开精神的鼓舞和主观能动性的激励。精神动力是推动人成长和发展的重要成分，弘毅教育建立起个人价值实现与社会价值之间的纽带，将个人理想与中国梦有机联系起来，有助于学生在实现理想目标的过程中获得更大的动力支持与精神助力的支撑。从内心生发的信念，根植于国家与社会的发展，弘毅精神对学生人生信念的引领是正向的、积极的和丰富的，学生在充分认识自我、发掘潜能的过程中，还会得到更多的收获与成长，发现人生中的契机与希望。这种发自内心和宏大信念的理想本身就能源源不断地激发学生的精神动力，发挥学生的主观能动性与积极性，激发学生的创造活力。弘毅教育从学生的发展需求和实际出发，定位于学生的终身发展和社会的发展，这决定了弘毅教育致力于成为学生发展的助力的性质和功能，为学生的成长成才服务。

（三）有助于为课堂教学改革提供理论借鉴

新课程理念以人为本，倡导教师为主导、学生为主体，实施自主学习、

---

① 周美娟. 在弘扬优秀传统文化中增强文化自信[J]. 人民论坛，2019（1）：132—133.

探究学习的教学模式,培养学生自主、合作与探究精神,帮助学生学会学习,发展自我。但在实际课堂教学实践中,有的教师的教学观念还没有彻底转变过来,沿袭老一套,甚至"满堂灌"的教学现象依旧存在。教师自己讲得多,学生自主学习的机会少,师生互动不足,最终导致教师厌教,学生也厌学。弘毅教育在教学上融合"核心素养"的发展要求,遵循教育追求质量与特色发展的规律,对测试内容进行了相应的研究与改革,有助于为学校的课堂教学改革提供理论指导。统一的理念可以提供顶层设计的借鉴,使学校各项工作产生有机联系,有助于学校系统性地开展改革活动,对学校工作的方方面面都会起到渗透性的指导作用,从而提高学校的执行力[1],有助于为学校发展确立科学的方向,推进中小学的改革工作。

(四)有助于增强学校的文化凝聚力

弘毅教育思想体系的构建有利于将学校的文化建设提升到思想层面,成为学校办学的灵魂,影响学校教职工的精神面貌与行为表现。学校办学有了思想核心,这一思想内涵就可转化为学校的价值取向,形成学校的核心价值,成为学校教职工与学生的价值追求。同时,弘毅教育将教师团队文化与校园文化建设有机结合起来,在建设校园精神文化的同时,注重教师团队合作意识的培养,促进教师之间的沟通与交流,培养集体意识与团队理念,在建立弘毅团队工作模式的帮助下,促进成员间更积极的人际互动,提高团队的工作效率与凝聚力。在学校营造的软性文化氛围当中促进教师认同团队目标,引发教师的心理相容与通力合作,提高教职工的文化归属感与向心力[2],从而有效增强学校的文化凝聚力。

---

[1] 陈建华. 论中小学办学理念的提炼与表达[J]. 上海师范大学学报(哲学社会科学版),2020(4):70—77.

[2] 耿建军. 谈团队文化建设与教师凝聚力的形成[J]. 活力,2019(18):97.

第二章 弘毅教育的校园文化建设

校园文化是指一所学校的师生共同创造并经过长期实践所积淀下来的核心价值观念体系。它不仅对师生的言行起着重要的激励、导向、规范作用，而且对学校的发展起着极大的促进作用。弘毅校园的文化主题是弘毅教育，独特的弘毅校园文化，展示了学校的精神风貌，是体现学校特色的重要特征，更是学校的灵魂所在。

弘毅教育的校园文化建设是推动学校发展的重要力量，主要包括硬件建设和软件建设两大部分。本章将从两个方面分析弘毅教育的校园文化建设，一是弘毅校园的文化主题与硬件建设，二是弘毅校园的文化主题与软件建设，以期对弘毅教育的校园文化建设有一个具体的认识和了解。

第一节　弘毅校园的文化主题与硬件建设

硬件建设作为校园文化建设的重要组成部分，是提升学校文化底蕴，促进学生健康成长以及增强学校综合实力的有效载体。

一、何为硬件建设

一般而言，硬件建设是指基础设施、设备、建筑等显性物质的建设。从校园文化层面来讲，硬件建设的含义则更为宽泛和具体。所谓校园文化硬件建设，包括在校园中的教室、寝室、饭堂、图书馆、阅览室、计算机室、广播站、运动场所、学校教育教学设施、仪器设备等外在的校园环境建设。本节所讲的硬件建设是指校园文化硬件建设。

二、弘毅校园文化融入硬件建设的必要性

硬件建设是学校办学的基础条件，也是服务师生的重要物质保障。马克思和恩格斯指出："人创造环境，同样，环境也创造人。"[①] 可见，环境育人的作用不可忽略。校园环境是师生日常教与学、生活的场所，校园里的一砖一瓦、一草一木都会对师生的思想和行为产生深远的影响。我们应认识到，师生与校园环境是相互创造、相互影响的过程。但长期以来，校园文化建设存在着不少问题——硬件建设不完善、特色不鲜明，师生进取的品质得不到提升，薄弱学校更是面临无法快速转型和发展的重大困境。

目前，积极打造有人文底蕴的校园硬件建设，彰显学校的办学特色，提

---

① 马克思，恩格斯. 马克思恩格斯选集（第一卷）[M]. 北京：人民出版社，1994.

升师生弘毅进取的品质，已成为薄弱学校快速向优质学校转型的一项重要而又紧迫的任务。校园作为培养高素质人才的主要教育场所，弘毅校园文化与硬件建设形成教育合力显得尤为必要。

（一）传承、凝练学校文化的需要

一所学校，如果仅一味地在"现代化"进程中加强硬件建设，而忽视校园文化建设，是不足以推动学校全面发展的。这样即使学校的硬件配置达到了一流的标准，但学校历经多年积淀下来的校园文化也可能会不自觉地被遗弃。校园文化反映的是一所学校的精神内涵，需要我们不断地传承和发展。弘毅教育是学校多年办学积淀下来的特色文化，是学校文化真正的厚重所在。对学校而言，弘毅教育不仅是历代师生艰辛创业留下的宝贵财富，更是提升学校凝聚力和生命力的内在要求。弘毅校园文化作为师生实践的产物，更应该在实践中传承，这意味着在硬件建设中要体现弘毅校园文化。

（二）创新育人模式

育人模式会直接影响到学校的教育质量，进而影响到学生个人的发展。著名教育家苏霍姆林斯基说过："无论是种植花草树木，还是悬挂图片标语，或是利用墙报，我们都将从审美的高度深入规划，以便挖掘其潜移默化的育人功能，并最终连学校的墙壁也在说话。"可见，校园硬件建设具有重要的教育功能。相比传统的育人模式，学校注重挖掘这种潜在的教育功能，积极将弘毅校园文化融入硬件建设中去，借助硬件建设，传递弘毅精神，帮助学生形成积极向上的心态和健全的人格，进而促进学生的发展。这种"润物细无声"的教育方式，不失为一种创新的育人模式。

（三）培育师生弘毅情怀

校园文化影响着师生的思维方式、价值观念、精神风貌以及行为规范等，校园是传承学校文化的主要基地，又是提供师生教与学的重要场所。由此，师生既是接受弘毅校园文化的主要群体，也是硬件建设的主要服务人群。以弘毅教育为突破点，将弘毅校园文化融入硬件建设，有利于更好地传承弘毅精神。长期置身于饱含弘毅文化的校园中，师生能通过校园硬件设施得到耳濡目染、潜移默化的教育。这有利于培养师生坚强的意志，激励师生不畏困难奋发成长，最终培育师生的弘毅情怀，促进师生健康发展。

（四）促进和谐校园的建设

和谐校园建设是促进薄弱学校快速向优质学校转型的重要手段，建设和谐校园不仅需要良好的硬件设施，而且需要弘毅校园文化的支撑。具有人文关怀的硬件设施，更容易帮助学生释放学习压力，激发学生的学习热情，促进学生以积极乐观的心态去面对学习中的困难。和谐校园建设凸显出以人为本的教育思想，对学生的身心发展起着重大的作用。我们在校园硬件建设中坚持以弘毅校园文化为指导。

三、弘毅校园文化的具体硬件建设

（一）弘毅校园文化硬件建设的基础

1. 充足的教育经费投入

当地区委、区政府和教育局的大力支持为弘毅校园文化的硬件建设打下了牢固的基础，充足的教育经费投入是校园硬件建设的主要资金保障。数据显示，相关教育经费近年来对此均有充足的投入：2013年投入200多万元，2014年投入250多万元，2015年投入250多万元，2016年投入达到1000多万元。

充足的教育经费投入，对弘毅校园文化硬件建设起到重大的作用。一方面，保障了学校基本硬件设施的建设；另一方面，便于学校从实际出发，在满足师生日常教学、学习、生活需要的基础上，完善学校的基础设施，优化教育教学设备，修建校园人文景观。这不仅让校容校貌焕然一新，使校园弥漫着浓郁的弘毅文化氛围，而且为学校更好地服务师生创造了条件。

2. 清晰的校园发展规划

弘毅校园文化硬件建设离不开清晰的校园发展规划。学校结合自身实际情况和社会发展要求，制订出符合学校长远发展的详细有效的规划。学校以弘毅教育为突破口，在注重物质文化营造的同时，也注重校园精神文化的建设。

一直以来，学校以特色兴校作为自身发展的奋斗目标，着力凝练弘毅校园文化，构建弘毅教育环境体系，打造优良育人环境，提升校园文化品位。清晰的校园发展规划对学校硬件建设的重要性是不言而喻的。明确的目标设定和清晰的规划布局，为学校确定了弘毅校园文化建设未来的发展方向和行动方案，更保证了校园文化建设工作有条不紊的进行。

（二）弘毅校园文化硬件建设的内容

1. 完善校园基础设施，创造良好环境

校园是师生活动的主要场所，良好的校园环境不仅令人神清气爽、心情愉悦，更容易让人提升心境，从容面对学习困难，进而促进学生身心发展。完善校园基础建设，建设优良育人环境，学校做了以下三点。

（1）发挥学校地理优势，提升学校建筑功能性

依托面积广阔的校园优势和优越的地理位置，学校因地制宜地对校园基础设施进行完善，在建筑设计与修建时，都尽最大努力满足师生对硬件设施的功能性需求。

目前，学校校园面积51.2亩，生均占地面积为18 m^2，校舍建筑面积生均17.1 m^2（有住宿学生），绿化覆盖率达63.4%。学校布局合理，划分为教学区、运动区、生活区，由南往北，逐层铺开。主体建筑有教学楼、科学楼、艺术楼、宿舍楼、运动场、生物园、地理园。在满足学校建筑功能性要求的基础上，学校注重环境育人的作用，着力营造富有激励精神的校园文化环境来熏陶学生，让学生时时得到鼓励，处处受到激励，保持强烈的成就动机和成功要求。

学校充分利用校园空间，合理规划的做法主要有以下几方面。

一是学校的教室,不仅环境整洁、美观,而且在室内随处可见悬挂着的弘毅图画。课桌、黑板、墙壁也张贴了弘毅名言警句,这为学生打造了一个健康、积极向上、优美的教室环境,同时也激励学生弘毅有为,积极进取。

二是学校的寝室,温馨而又富有弘毅文化,宿舍区贴有弘毅格言,其中包括弘毅行为规范、弘毅价值观念、弘毅礼仪常规等内容,有助于学生养成良好的心理品质和行为素质。

三是学校在操场旁边建设的体育园,融体育、弘毅、快乐于一体。绿树掩映,翠竹点缀,一排排乒乓球台,一幅幅体育健将图像。环境优美,设施齐全,校园景观人文气息浓厚。可健身,可歇息,可学习,可弘毅。除此之外,学校的食堂、图书馆、阅览馆等其他校园设施也宣传了弘毅格言。

学校的各种举措使得弘毅校园文化渗透到校园的各个角落,切实做到了让每一面墙说话,让每一块石头说话,让校园的每一个角落都富有教育意义。这些建筑在满足师生日常教学、学习、生活的同时,还促进了师生的身心发展,真正提升了学校建筑的功能性。

(2)明确国家配备标准,优化学校教学设备

学校严格按照省一级要求和国家 A 级配备标准,建设校园硬件设施,积极优化教学设备。

首先,学校有标准 400 米环形跑道运动场,建有塑料草足球场 1 个,标准篮球场 6 个,排球场 4 个,羽毛球场 3 个,乒乓球台 28 张。体育卫生器材、设施设备均按省标准配齐,体育健身运动设施设备充足,能较好地满足师生教学与健身需要。此外,学校还注重医疗室建设,药物配备齐全,能很大程度上满足师生应急需要。

其次,学校各功能室教育设施和仪器设备已全部按照国家标准配备,教室全部配备多媒体平台,科学楼、教学楼的教辅室齐全。艺术楼设有美术室、音乐综合室,美术室一共两层楼(1240 m^2),以移动展板隔开,可同时供 6 个班 300 多位学生上课学习;音乐综合室一层楼(620 m^2),有音乐室 4 个、琴房 8 个、舞蹈室 2 个,全部按标准配备教学仪器;书画室 1 个、体育乒乓球训练室 1 个(面积相当三个教室的大小)。科学楼设有物理实验室 4 个、化

学实验室 3 个、生物实验室 2 个、生物标本室 1 个，配有仪器室和准备室；多媒体计算机室 3 个共 182 台电脑，配有人机对话系统、听说系统；通用技术实验室 2 个，历史室、展览室各 1 个。监控室、广播室、电教器材室、多媒体制作室、卫生室、团队室、体育器材室各 1 个，有 300 个座位的大型多媒体会议室 1 个，云录播室 1 个；有学生宿舍楼和学生饭堂。学校计算机网络完善，60 兆校园网、高考监控系统、校园智能广播系统、校园智能管理系统、校园安全监控系统等。图书馆设有藏书室、阅览室、电子阅览室，馆藏图书 130000 多册，报纸杂志种类齐、数量足。

学校教学设备的不断优化，不但为教师创造了更好的教学条件，而且更为学生提供了方便、高效的学习平台，能很好地满足学生的学习需求，真正促进师生的教与学。

(3) 巧用现代化信息技术，创建智慧型校园

随着广东省推进教育现代化先进区的创建，学校抓住发展机遇，积极引进现代化信息技术，致力于创建智慧型校园，提升学校教育质量。

学校与校外企业湛江联通分公司合作，建立了一套智慧校园体系。首先，学校为师生打造了一个现代化信息教育与管理平台，这不仅有利于教师及时了解学生的学习情况并及时向学生输送教育资源，也有利于学生根据自己的实际情况，完成相应的学习任务。其次，学校完善校园网站，加强建设校园网络办公系统和评教评学管理系统，所有教室均建有"班班通"智慧教学系统。此外，学校还建设云录播系统、主播系统、监控系统、平安校园系统、宿舍饭堂一卡通系统。目前，学校在教育管理、教育教学、教育教学资源、教育科研、校园安全、德育工作及家校联系等方面，已全面提升现代化信息水平和管理水平。

2. 建设弘毅文化景观，发扬弘毅精神

建设弘毅文化景观，有利于发挥校园硬件建设对学生的熏陶作用。学校主要以"结合学校实际、立足学生发展、挖掘学校特色"为建设弘毅文化景观的出发点，帮助师生传承和发扬弘毅精神。

(1) 结合学校实际，建设弘毅文化景观

建设弘毅文化景观要从学校实际出发。自办学以来，学校便凝练出"弘毅教育、彰显特色、健康成长"的办学理念。为秉承这一办学理念，学校对校园进行合理布局，并切实根据学校实际用地情况，修建具有弘毅精神的人文景观。

经过对校园场地的再三筛选，学校最终选取了操场和教学楼之间的一块绿地作为弘毅文化景观的建设用地，并取名为"弘毅园"。"弘毅园"作为学校弘毅教育的主题景观园，饱含浓浓的弘毅文化气息。整个"弘毅园"给人弘毅、雅致、恬静的感觉。园中建有20米长的浮雕弘毅墙，其中有中外名人简介、弘毅故事、弘毅名言；建设的屏风式弘毅门，书写有《中国少年说》的弘毅文段；园中还建有书写社会主义核心价值观的24字石牌；还有环绕的小径，歇息的石凳，石凳上面凸显弘毅名句。走，可观；坐，可品。弘毅在园中，弘毅在赏识里。

（2）立足学生发展，打造弘毅文化景观

学校教育是为学生的终身发展而服务的。从我校学生实际情况来看，学生普遍感到学习压力大，却不知道为何要学习。学生缺乏生活的独立性和自主性、人际交往的宽容性和灵活性、追求理想的坚定性和持久性、面对挫折的预备性和坚韧性，属于典型的"柔弱且迷惘"的一代。为此，学校将弘毅教育融入硬件建设中去，打造弘毅文化景观，如学校的宣传栏、弘毅厅等积极宣传弘毅事迹、宣扬弘毅理念，旨在帮助学生挖掘自身潜能，树立正确的人生志向，明确奋斗目标，磨炼意志，锻炼品性，走好人生的每一步路。

（3）挖掘学校特色，塑造弘毅文化景观

发展办学特色，是学校发展和学生成长的内在要求，是全面推进素质教育、促进优质均衡发展的需要，是我国实现人力资源强国的重要途径。而挖掘学校特色，塑造弘毅文化景观，对发展学校办学特色具有重要意义。对此，学校建设了具有鲜明特色的文化景观——弘毅长廊。

弘毅长廊位于敏行楼前右旁的绿地边上，长廊与鲜花相伴，长廊内侧有我校弘毅教育的理念起源与发展历程的相关介绍，包括弘毅教育的主题、意义、内容、方式方法等；长廊的墙上还挂有弘毅名人名言、故事，这不但增强了师生对学校弘毅文化的认识，更激励师生弘毅有为。弘毅长廊是学生们最喜爱的校园一角，学生常常在弘毅长廊中读书，与学校的弘毅长廊文化景观共同形成了一道优美独特的校园风景线。

3. 开发校本弘毅教材，深化弘毅教育

校本弘毅教材的开发，有利于深化学生对弘毅教育的理解，让弘毅精神在学生内心扎根、开花、结果。学校在开发校本弘毅教材的过程中主要做了以下几点。

（1）开发解决学生实际问题的校本弘毅教材

学校立足于学生的终身发展，与全体教师共同商讨弘毅教材开发的问题。为确保学生实际问题得到解决，学校对学生存在的问题进行了系统调查。在对调查结果进行详细分析与诊断后，学校负责教材开发的专门人员积极寻找切入点，针对性地将学生迷茫、受挫能力差的问题与刚强、勇毅的弘毅校园文化进行有机融合。学校开发了《为精彩的生命奠基》《为坚强的生命鼓掌》等适合学生认知发展的校本弘毅教材，对解决学生的实际问题具有极大的帮助。

（2）开发体现学校鲜明特色文化的校本弘毅教材

学校在开发校本弘毅教材时，注重在弘毅教材中体现学校鲜明的特色文化。校本弘毅教材作为学生接受弘毅文化的重要载体，深深地影响着学生对弘毅校园文化的认识、理解、传承和发展。在校本弘毅教材的编写过程中，学校将弘毅教育的核心内涵与弘毅精神、弘毅名人事迹相结合，这不仅有利于宣传和推广学校弘毅教育的特色校园文化，也使学生更容易感受到校本弘毅教材中蕴含的弘毅有为、奋发进取、自立自强等优秀品质的魅力，进而增强学生对弘毅校园文化的认同感，促进学生的全面发展。

（3）开发具有科学性和可操作性的校本弘毅教材

教材的科学性和可操作性是确保校本弘毅教材在校园中有效施行的重要基础。学校开发的校本弘毅教材，着重考虑学生的终身发展，旨在激发和唤醒学生内在动力，促进学生自主成长。校本弘毅教材开发人员专业性强，教材编写遵循学生的认知发展规律，善于从学生的兴趣入手，选取切合生活实

际的富有弘毅教育意义的素材，并对素材内容进行细致打磨。在章节设置上，弘毅教材的内容由易到难，层层深入。

学校考虑到教材的实用性原则，开发的校本弘毅教材注重弘毅文化理论和实践的统一，具有较强的可操作性。这样便于学生在校本弘毅教材中寻找到适合自身的弘毅方式方法，真正做到有所感、有所获和有所行。

第二节　弘毅校园的文化主题与软件建设

硬件建设和软件建设是推进校园文化建设系统全面开展的重要保障。软件建设作为校园文化建设的另一重要组成部分，是丰富学生校园生活的有效途径，也是增强学生校园文化认同感和归属感的主要渠道。

一、何为软件建设

软件是现代生活中一个使用较为普遍的词语，人们对软件的含义较为熟悉。而对于软件建设的概念，则相对陌生。不同研究领域和不同社会行业对软件建设有着不同的定义。从信息技术层面来看，软件建设是指为软件系统的开发、设计以及其他信息技术应用平台所提供一系列的支持和指导；从社会服务层面来看，软件建设是指服务人员的素质、职业道德、工作能力等方面的培养与指导。而从校园文化层面来看，软件建设是指校园氛围、校园活动、校园主流价值观念等学校精神文化的建设，相当于校园文化建设的一双无形的抓手。

在本节内容介绍中，所指的软件建设是校园文化层面的软件建设。

二、弘毅校园文化融入软件建设的必要性

在校园文化建设中，部分学校只认识到硬件建设的重要性，而忽略了校园软件建设的重要性。事实上，软件建设是组织和凝聚师生力量的主要法宝，是学校内在文化品位的重要体现，更是促进学生健康成长和推动学校发展的重要手段。综合考虑学校实际情况，弘毅校园文化融入软件建设十分必要。

（一）符合我国主流价值取向

社会主义核心价值观是我国目前的主流价值取向，该价值取向体现出爱国、积极向上的正能量精神内涵。弘毅校园文化是在中华民族优秀传统文化启发下，学校师生共同发展形成的产物，代表着一种抱负远大、意志坚强、不惧困难、积极进取的文化精神。将弘毅校园文化融入软件建设，有利于帮助学生树立远大理想，把个人发展和国家命运联系起来，培育学生的爱国情怀，有利于让弘毅校园文化深植学生的内心，培养学生刻苦学习、拼搏自强的进取精神，这与我国主流价值取向高度契合。

（二）学校校风建设的需要

校风是一所学校精神文化的核心体现，与学校的校园文化息息相关。校风对学校的教风、学风起着重要的价值引领作用，良好的校风是学校长期追求的目标。我校从自身实际出发，结合学校的办学宗旨，积极在校园建设"弘毅、进取、团结、友善"的正能量风气（"弘毅"意为抱负远大、意志坚强；"进取"意为努力上进，立志有所作为；"团结"意为互相支持、友好合作；"友善"意为与人和睦相处）。弘毅校园文化旨在发扬弘毅有为、奋发进取的精气神，培养师生的弘毅情怀，凝聚师生力量，助力师生健康发展。而软件建设作为校风建设的重要表现形式，将弘毅校园文化融入软件建设，有利于增强学生对弘毅校园文化的认同感和归属感，这对学校良好校风的建设具有极大的帮助。

（三）增强文化育人功效

《中国教育改革和发展纲要》指出，要"建设健康的、生动的校园文化，树立良好的校风、学风，使学校成为建设社会主义精神文明的重要阵地"。[①] 可见，增强文化育人功效是落实教育改革的需要，也是学生发展的迫切需要。不仅如此，弘毅校园文化融入软件建设，增强弘毅校园文化育人功效，也是对"立德树人"根本任务的贯彻和落实。

当前，学生普遍存在学习压力大、学业迷茫、没有奋斗动力等问题。学生作为校园文化的主要接受群体之一，优秀的校园文化会对学生的发展产生长远的积极影响。弘毅校园文化中弘毅有为、顽强拼搏、奋发向上的精神是激励学生奋进的动力源泉。将弘毅校园文化融入软件建设，有利于增强文化育人功效，帮助学生在丰富多彩的校园活动中培养积极上进的心态、提升道德修养，并从中正确认识自我，发现自身潜能，树立远大志向，这对学生的个性发展具有重要意义。

（四）铸造学校文化品牌

铸造学校文化品牌，发展办学特色，是学校发展和学生成长的内在要求，是全面推进素质教育的需要，也是我国实现人力资源强国的重要途径。学校对自身进行了清晰的定位，明确中学教育要做好升学和就业两种准备，不仅要向大学输送人才，更要担负起培养合格公民的重任；需要积极探索办学体制和办学模式的多样化，办出特色，以全面提升学生素质，推动我国由人力资源大国向人力资源强国迈进，从而实现民族振兴和社会进步。

弘毅校园文化是学校一直以来的办学特色，是学校的生命力所在。将弘毅校园文化融入软件建设，有利于传承和发展弘毅文化，提升学校凝聚力，铸造学校文化品牌。

---

① 王威沫. 发挥校园文化功能 构建和谐校园［J］. 辽宁教育行政学院学报，2010 (8)：60—61.

三、弘毅校园文化的具体软件建设

（一）弘毅校园文化软件建设的基础

1. 弘毅教育的思想统一

弘毅教育的思想统一是弘毅校园文化软件建设的前提。为促进弘毅校园文化软件建设，学校加强了教师队伍建设，严抓弘毅教育思想的统一。学校多次召开校领导和教师会议，明确"弘毅教育、彰显特色、健康成长"的办学理念；明确"践行弘毅教育，特色发展，打造湛江市品牌名校，为学生终身发展奠基"的办学目标；明确"弘毅有为、抱负远大、意志坚强、奋发进取"的育人目标。三个明确，有效统一了全校职工的弘毅教育思想。

弘毅教育的思想统一，对弘毅校园文化软件建设具有重要作用。一方面，目标明确，有利于弘毅校园文化软件建设找到正确的育人方向；另一方面，弘毅教育的思想统一，有利于全校职工形成巨大的凝聚力，共同为校园软件建设而努力。

2. 学校领导班子的大力支持

弘毅校园文化软件建设离不开学校领导班子的大力支持。一直以来，学校都十分重视加强对学生进行弘毅教育。学校领导带领全校教师对弘毅校园文化软件建设展开讨论，并成立领导小组，专门开展软件建设的相关研究；积极发挥带头作用，主动为校园软件建设建言献策，并鼓励教师提出符合弘毅教育理念的软件建设方案。此外，学校领导还积极为校园软件建设寻找资源，邀请高校的教育学教授，对我校软件建设工作进行指导。

（二）弘毅校园文化软件建设的内容

1. 开展相关弘毅活动，增强学生弘毅意识

所有教育成果，最终都要体现在师生行动上。软件建设作为学校教育的一部分，意味着弘毅校园软件建设不能是空洞的说教和填鸭式的教育，它必

须落实到学生的实践行动中去。开展相关弘毅活动,让学生积极参与到弘毅校园文化建设中去,有利于增强学生的弘毅意识,真正让弘毅文化在学生心中落地生根、开花结果。

(1) 开设弘毅教育大讲堂

弘毅教育大讲堂是弘毅校园文化软件建设的重要抓手。弘毅教育大讲堂是指通过以教师为主导、以学生为主体的形式,有组织地安排"职业规划""历史大家""法律与社会""经济知识""人类与环境""人生与修养"等各种不同类型的主题讲座活动。在这些不同类型的主题讲座中,教师巧妙地将抱负远大、意志坚强的弘毅精神渗透到学生的思想、学习和生活中去,旨在帮助学生明白自己为何而学习,增强学生对学习的兴趣,鼓励学生志存高远,培养学生坚强的意志。

以"师恩难忘"主题讲座为例。"师恩难忘"主题讲座在学校的操场进行,活动目的在于端正学生的价值观、师生观,使学生在校园中能够更加积极地向上发展,做到自身学识与社会经验双向发展,从而提高学生修养,增强其内在价值,为其日后发展提供良好支持。弘毅教育大讲堂的开展,不仅有效地向学生传达弘毅精神,而且丰富了学生的校园生活。这对学生将来步入社会后处理事务、解决问题将起到极大的促进作用。

(2) 开设弘毅阅读课

读书弘毅,书香芬芳。学校开设弘毅阅读课,利于学生在弘毅书籍中学得成功经营人生的经验和道理。弘毅阅读课要求学生既要读外国的弘毅经典书籍,又要读中国的传统弘毅经典书籍。

(3) 诵弘毅诗歌

诗歌对人的性格修养具有重要的教化作用,诵弘毅诗歌,是浸润学生心灵、培育学生弘毅情怀的重要方式。学生主要吟诵曹植的《与杨德祖书》《白马篇》《杂诗》《送应式》、陆游的《冬夜读书示子聿》、李白的《行路难·其一》、汪国真的《山高路远》《热爱生命》《走向远方》、普希金的《假如生活欺骗了你》、何其芳的《生命是多么广阔》、威廉·亨利的《不可征服》、泰戈尔的《生如夏花》等具有弘毅质性的诗歌。

(4) 唱弘毅歌曲

唱弘毅歌曲，旨在通过唱歌活动，减缓学生的学习压力、帮助学生放松心情，同时让学生唱出弘毅感受，激励自己努力奋斗。学校充分利用课前五分钟时间，组织学生唱弘毅歌曲，主要包括《我相信》《我的未来不是梦》《最初的梦想》《隐形的翅膀》《相信自己》《超越极限》《梦想的舞台》《在路上》《阳光总在风雨后》等歌曲。

(5) 讲弘毅故事

弘毅故事对学生的心灵具有净化作用。讲弘毅故事，有利于学生修身养性，形成弘毅价值观念。讲弘毅故事分为教师讲弘毅故事和学生讲弘毅故事。教师讲弘毅故事主要是利用班会课的最后五分钟进行，教师根据准备好的弘毅故事，对故事进行声情并茂的讲说。学生讲弘毅故事是利用大课间的休息时间，学生每人准备一个自己深有感触的弘毅故事，在课间与同学交流分享。

讲弘毅故事活动，不但增强了学生对弘毅行为品质的认识和理解，也拉近了学生间、师生间的距离。

(6) 观弘毅影视系列活动

观看弘毅影视活动是学生们极为喜爱的一项校园文化活动。学校定期开展弘毅影视活动，主要在周末举行。一方面，丰富学生的校园文化生活；另一方面，从学生的兴趣入手，宣扬积极向上的弘毅校园文化，让学生体验到弘毅校园文化的浸泽感。学校主要播放的影视包括《当幸福来敲门》《肖申克的救赎》《黑暗中的舞者》《阿甘正传》《勇敢的心》《叫我第一名》《奋斗》《红海行动》等作品。

(7) 开展弘毅论坛活动

弘毅论坛活动，是指学生在认真研读弘毅书籍的基础上，撰写读书报告，并分年级开展读书报告交流活动。学校开展弘毅论坛教育，旨在为学生提供一个表达自身对弘毅文化理解和感受的平台，凸显了学生的主体性。同时也为学生创造与教师面对面交流探讨弘毅校园文化的机会，有利于为学生存在的弘毅文化问题答疑解惑，增强学生对弘毅文化的理解，促进学生提升弘毅校园文化的认同感和归属感。

(8) 开展弘毅教育报告活动

弘毅教育报告活动,是学校根据不同年级学生的特点,确定有针对性的报告专题后,邀请弘毅教育专家或对此有研究的教师定期为学生作报告的校园活动。开展弘毅教育报告活动,旨在培养学生自我调控、挫折承受、环境适应的能力和健全的人格、良好的个性心理品质,同时也培养学生的集体主义精神,从而提高学生的心理素质。学校先后在校园开展了《学会理性地生活》《成功从细节开始》《快乐从宽容开始》等多场专题报告。这些报告,真正让学生感受到浓浓的弘毅校园氛围。

(9) 举行"弘毅教室"评选活动

"弘毅教室"评选活动,是弘毅教育落实到管理工作中的具体体现。学校设立弘毅教育常规检查监督组织,每天有值周教师和学生负责监督学生们的成功品质培养情况,并将检查结果列入学生个人的成功品质考核分中。学期结束时,对班级所在学生成功品质进行综合的等级评定。评定分为A、B、C三大等级,获得A等级的教室,即为评选上"弘毅教室"的班级,这些班级会接受学校领导的表彰,并可获得"弘毅教室"流动红旗一面。

(10) 开展野外弘毅主题郊游活动

为收到良好的弘毅效果,学校积极开展野外弘毅主题郊游活动。在活动中,学校为学生创设了艰苦的体验条件,旨在让学生学会吃苦,磨炼坚强的意志,激发弘毅有为的精神。野外弘毅主题郊游活动的具体开展方案是,在野外完成学校分发卡片上的个人项和双人项游戏任务;游戏任务完成者,可获得相应的实物奖励,同时可在成功品质评价中获得班主任的肯定。在完成游戏任务的过程中,学生需要对遇到的困难进行处理,这有利于培养学生迎难而上、积极进取的精神。同时,野外弘毅主题郊游作为集体的社会实践活动,还可以培养学生的交往合作能力、环境适应能力、应对挫折能力和自立自强能力。

2. 培育浓郁社团文化,营造校园弘毅氛围

培养浓郁的社团文化,有利于推动弘毅校园文化的建设,营造积极进取的弘毅校园气氛。学校以社团活动为载体,成立了丰富多彩的学生弘毅社团,旨在把学生个性特长的培养和弘毅教育结合起来，鼓励学生在文体活动中弘毅、从兴趣爱好中弘毅，并通过弘毅发掘和培养自己的个性特长，促进个性的发展。

(1) 弘毅演讲团

弘毅演讲团是学校成立的优秀社团之一，主要面向全体学生，以发展演讲兴趣为主，旨在以演讲的方式宣传弘毅精神。在这里，云集了众多弘毅演讲爱好者，社团成员们还在学校定期进行弘毅演讲比赛，以比赛的方式促进大家相互交流和学习。

(2) 弘毅读书会

弘毅读书会是学生们最喜爱的社团之一，旨在为学生推荐一些优秀的弘毅书目，供大家深入理解弘毅精神，增强对弘毅校园文化的认同。我校弘毅读书会拥有优秀的阅读团队，还有指导老师定期开展"如何选弘毅书"等相关的活动，以此提升读书会会员的选书能力。此外，弘毅读书会还建立了读者信箱，专门用于与读者进行沟通交流，以促进学生间相互学习、共同成长。

(3) 弘毅长跑队

弘毅长跑队是由学校的长跑爱好者创建的社团，目前，由相关体育教师负责学生日常训练。社团以"阳光锻炼、强身健体"为宗旨，旨在通过长跑帮助学生磨炼坚强的意志、培养积极进取的心态。弘毅长跑队主要是发扬长跑的体育精神，并为学生们普及相关体育知识，让学生在生活中运动，在运动中弘毅。

(4) 弘毅田径队

弘毅田径队是我校极具特色的文化社团。我校作为湛江市足球特色学校、湛江市田径项目传统学校，为弘毅田径队队员的遴选打下了坚实的基础。我校田径队配备有专门的体育教师，每天指导队员们进行相关的基础训练和技能训练。弘毅田径队以发扬吃苦耐劳、艰苦奋斗、刚强坚韧的弘毅精神为主，向学校师生们传递浓浓的弘毅文化气息。

(5) 弘毅记者团

弘毅记者团是一个积极活跃、充满朝气的社团，主要由具有一定摄影功底、文字功底、能吃苦耐劳、热爱弘毅校园文化以及热爱新闻撰写的成员组成，在日常校园生活中主要负责记录校园的精彩弘毅瞬间。弘毅记者团旨在引导学生发现生活中的弘毅美，同时培养善于思考、吃苦耐劳、积极上进的弘毅精神。

（6）弘毅文学社

弘毅文学社创立的初衷在于以文会友，培养学生从书中获得弘毅感悟，激发学生的弘毅精神。弘毅文学社作为一个为广大文学爱好者服务的优秀社团，每学期会组织两次大型的弘毅文学分享会，学生们可以就某本弘毅书籍畅谈自己的阅读感悟，也可以与大家分享和推荐自己最喜爱的或是让自己行为深受影响的弘毅书籍，这对学生传承和发扬弘毅校园文化具有重要的作用。

（7）弘毅武术队

弘毅武术队是为武术爱好者提供的学习和交流的平台。我校的弘毅武术队配备有专业的武术教师，主要负责武术理论和拳术教学。弘毅武术队的主要活动包括日常力量训练、拳术训练、武术比赛等。弘毅武术队不仅丰富了学生的校园生活，传承了中华民族的优秀传统文化，而且也进一步磨炼了学生的意志，促进了学生弘毅品质的培养。

（8）弘毅音乐协会

弘毅音乐协会是为热爱弘毅校园文化和热衷音乐的学生创立的社团，其主要活动内容包括演绎自己喜欢的弘毅歌曲、创作弘毅歌曲、参与学校文艺汇演等。这有助于学生热爱弘毅校园文化，增强弘毅校园文化的归属感；同时也起到了减缓学生学习压力、舒缓心情的作用。

（9）弘毅美术爱好者协会

弘毅美术爱好者协会，旨在为美术爱好者提供专业绘画场所，并配备美术指导教师，让其充分展示自我潜能。社团主要活动内容包括素描基础、水彩、泥塑日常教学，弘毅美术设计比赛等。学生在进行弘毅美术创作过程中，可使自己静下心来，细心感受弘毅文化，体会其中的弘毅精神。

3. 制订常规弘毅项目，培养学生弘毅品质

弘毅教育的目标是激发和唤醒学生内动力，使学生从"被成长"中产生生命自觉，让学生用自己的力量成长，养成终身受用的成功品质。我们必须认识到培养学生良好的成功品质绝不是一蹴而就的，它需要经过一系列耐心细致的重复教育、认真踏实的不懈实践。为此，学校科学地制订了以下几项常规弘毅项目。

(1) 每天读《弘毅》校本教材一个故事

每天读《弘毅》校本教材一个故事，是弘毅校园文化在生活中的体现。学校给每位学生分发了一本《弘毅》校本教材，让学生每天花10分钟阅读学习，班主任对学生进行检查和督促。《弘毅》校本教材主要包括弘毅文化传承、弘毅文化创新和弘毅文化发展三大模块内容。弘毅文化传承模块，主要是讲述学校弘毅教育的文化来源，内容有《论语·泰伯》中曾子的故事、学校办学的故事等，这一部分内容，旨在让学生感受抱负远大、坚强刚毅的弘毅精神，激励学生努力奋斗，树立远大理想。弘毅文化创新模块，主要讲述弘毅文化是如何在社会中践行，内容包括杨靖宇、钱学森、俞敏洪、黄文秀等自立自强、奋发进取、顽强拼搏、具有家国情怀和远大抱负的人物故事，旨在培育学生弘毅有为、自强不息的品质。弘毅文化发展模块，主要从学生视角出发，讲述如何做一个出色的弘毅学生，旨在帮助学生内化弘毅精神，付出弘毅行动。

(2) 每天背诵一句弘毅名言

每天背诵一句弘毅名言，是对校训"吾日三省，日有长进"行动的落实。为发扬弘毅精神，学校为学生精心挑选了一些具备弘毅有为、意志坚强、积极奋进特点的名人名言，主要包括：

天行健，君子以自强不息。

前事不忘，后事之师。

亡羊补牢，犹未为晚。

良药苦口利于病，忠言逆耳利于行。

言必信，行必果。

己所不欲，勿施于人。

人无远虑，必有近忧。

三军可夺帅也，匹夫不可夺志也。

学而不思则罔，思而不学则殆。

知之者不如好之者，好之者不如乐之者。

其身正，不令而行；其身不正，虽令不从。

三人行，必有我师焉；择其善者而从之，其不善者而改之。

知人者智，自知者明。

信言不美，美言不信。

穷且益坚，不坠青云之志。

生于忧患，死于安乐。

得道者多助，失道者寡助。

老吾老，以及人之老；幼吾幼，以及人之幼。

故天将降大任于斯人也，必先苦其心志，劳其筋骨，饿其体肤，空乏其身，行拂乱其所为，所以动心忍性，增益其所不能。

每天背诵一句弘毅名言，不仅是对中华民族优秀文化的继承，更是对弘毅文化的进一步理解，有利于塑造学生坚强勇毅的道德品质。

（3）每周填写《学生弘毅成长手册》

编写《学生弘毅成长手册》，学生人手一册。通过手册的填写，有利于学生养成自我反思、自我激励、自我管理的习惯。《学生弘毅成长手册》在每周一班会课上分发给学生填写，其目的在于帮助学生每周进行自省和小结，不断更新、完善对自己的认识，进而发现自己的不足之处，克服缺点，争取进步。

《学生弘毅成长手册》主要内容如下表 2-1 所示。

表 2-1 《学生弘毅成长手册》主要内容

项目	评价
本周计划完成情况	
成事好事录（成功收获）	
错言错行录（责己恕人）	
下周计划和寄语	

续表

项目	评价			
班主任				
	A	B	C	D
我行我快乐（良好心态）				
驾驭我自己（自制自控）				
珍视我形象（言行优雅）				
珍惜我健康（饮食锻炼）				
保护好自己（安全防范）				
尊敬师长（律己待人）				
团结友善（师生亲友）				
爱护公物（不破坏公物）				
按时守时（不迟到旷课）				
做好预复习（主动及时）				
听好每节课（专注善思）				
完成好作业（高效优质）				
读几页好书（忙里偷闲）				
浪费几分钟（惜时如金）				
吾日三省（积极反思）				
盘点我自己（总体评价）				

（4）每周举行主题班会课

每周举行的主题班会课，是提升学生弘毅道德修养的重要渠道。班会课主题的选取，要班主任针对学生在过去一周的表现，进行问题归因和诊断，再联系生活实际，并结合学校工作要求，拟定一个适合自己教学班级的班会课主题。在此前提下，班主任与学生进行深入的沟通交流，探寻和了解学生心中真正喜爱的班会课，进而确定班会课的主题。

主题班会课主题丰富、形式多样。在开展主题班会课时，班主任注重渗透弘毅精神，注重让学生在实践中获得认识自我、意志坚强的感受，注重帮助学生解决遇到的实际问题。每周主题班会课的开展，对促进学生自我成长具有重要作用。

(5) 每月评比一次校园之星

每月一次的校园之星评比，是学校推出的奖励弘毅方面表现出色的学生的特色活动。校园之星评选活动以"发扬弘毅文化，构建和谐校园"为出发点，面向全校学生，每月评选一次，人人均可参与。具体评选流程是"各班级推出班级代表—班级代表参与年级优秀代表评选—各年级选出一名优秀代表—各年级优秀代表参与校园之星评选—校园之星诞生"。即每个班选出一名弘毅方面表现优秀的学生作为班级代表，参与年级的优秀代表评比；然后再在班级代表中筛选一个弘毅方面表现最优秀的学生作为年级代表，各年级推送一名代表参与校园之星评比；最后从不同年级推送的优秀选手中选出一名最出色的学生作为该月的校园之星。

校园之星评选主要内容包括热爱学习、积极进取、自立自强、礼貌待人、诚信友爱、意志坚强、有远大理想、知行合一等良好的习惯、行为和品质。

以校园之星作为学生学习的榜样，旨在鼓励学生积极参与，争做校园之星，积极践行弘毅行为品质。

(6) 每半学期评价一次成功品质

为培养学生的弘毅品质，学校制订了学生成功品质评价表，每半学期评价一次学生的成功品质，这是学校肯定学生进步、关注学生健康成长的重要体现。成功品质评价表，主要包括学生自评、家长评议和班主任评议三大部分。评价内容包括自信、诚信、宽恕、谦恭、礼貌、节制、理性、惜时、勤奋、意志、高效、节俭、整洁、优雅等弘毅成功品质。评价主体、评价内容的多元化，有利于学生获得客观的评价。这对学生起着重要的引导和激励作用。

学生成功品质评价表如下表 2-2 所示。

表 2-2 学生成功品质评价表

项目	评价
成功之处	
不足之处	

续表

项目	评价			
家长评议				
班主任评议				
	A	B	C	D
自信				
诚信				
宽恕				
谦恭				
礼貌				
节制				
理性				
惜时				
勤奋				
意志				
高效				
节俭				
整洁				
优雅				
盘点我自己（总体评价）				

第三章 弘毅教育的教师教育

对于教育活动来说，教师教育是必要和有用的。那么，教师教育的现实处境是怎样的呢？这就涉及人们对教师教育的理解，涉及教师教育观。弘毅教育的教师教育，是指对教师进行职前培养和职后培训，进而实现教师拥有远大抱负和坚强意志的目标。将弘毅教育作为办学理念，将教师教育的研究和教学引向新方向。本章将从三个方面分析弘毅教育的教师教育，包括弘毅教师教育的途径、弘毅教师教育的体系以及弘毅教师教育的策略。之所以选择这三个方面进行分析，是因为弘毅教师教育的途径反映了教师教育的方法和路径，弘毅教师教育的体系分析致力于回答教育模式问题，而弘毅教师教育的策略部分则是从有关教师教育的实施情况出发，为教师教育提出建议和技巧。

第一节　弘毅教师教育的途径

教师教育的途径是指教育者施加教育影响于教师所经渠道的总称。教师教育的途径主要有：观摩教学活动、开展微格教学、进行专门训练等。每一个较大的教育途径又可分为若干小途径，如观摩教学活动分为听课、记录、总结反思等。教育途径虽有主与次、一般与特殊之分，但每一个被实践肯定的途径都有其特点和功能，目的都是通过教师教育和实践训练提高教师的综合素质。

一、弘毅教师教育途径的内涵

（一）目标内涵：弘毅教师教育途径是促进教师专业发展的方式

1. 掌握教师专业知识

弘毅教师教育途径重视培训教师掌握专业知识，包括学科专业知识和教育专业知识，从而促进教师专业化。教师专业化是教师教育发展的时代要求和必然趋势，也是衡量教师职业专业性的关键指标。弘毅教师教育途径为教师学习学科专业知识、整合所教学科的专业知识以及对专业知识进行讲解、实践、教学等方面的相应方法提供了保障，使教师获得教育课程知识、教学知识、模式知识、评价知识、制度知识、标准知识、教师专业成长知识等一系列的理论性知识。教师只有掌握教育学、心理学、教学法及教育科学研究等方面的学科知识，学习解决教师学生观、教育观等方面的专业知识，才能确保有效地履行自己的专业职责。

2. 提升教师专业技能

弘毅教师教育途径重在提升教师专业技能。首先，培养教师基本功，包括讲普通话和口语表达技能、书写规范汉字和书面表达技能、教学工作技能、班主任工作技能等四大方面的教师基本技能。① 其次，培养教师掌握现代教育技术的能力，包括现代化的教育意识与教育教学能力。此外，培养教师的科研能力，鼓励教师进行教育课题研究、开发课程资源、开发校本课程，做一名教研结合的教师。

3. 培养教师专业精神

弘毅教师教育途径重在培养教师专业精神。观念是行为的先导，精神高度决定行动水平，缺乏专业精神则可能引发职业倦怠。弘毅教师教育途径关注教师的专业精神与态度、个人的研究及发展、不断进修的精神和对教育的热忱。教师是一个育人专业，育人专业对于教师的规定要求除了具有专业知识和能力外，更重要的是支撑教师专业成长过程的专业精神。② 首先，培养教师教育哲学观、公民与道德教育观、学生观、教师观、教学方式观等教育观念。其次，倡导教师做教育活动的具体实施者，其精神风貌应秉承教育精神，激发教师活力。

（二）功能内涵：弘毅教师教育途径是提升教师教学能力的方法

1. 更新课堂教学观念

弘毅教师教育途径重视更新课堂教学观念。摒弃传统"填鸭式""灌输式"等单一陈旧的教学模式，遵循新课程提出的"以人为本"原则，重视学生的认知水平以及身心发展特点，以教师为主导，以学生为主体，学生主动参与学习活动，主动获取知识。新的理念、新的要求、新的学习方法，对教师的"教"提出了更高的要求。弘毅教师教育途径与时俱进，增强教学观念

---

① 陈威. "实践取向"小学教育专业课程设置研究［D］. 长春：东北师范大学硕士学位论文, 2013.

② 王坤. 论教师专业精神的养成［J］. 当代教育科学, 2016 (1): 18—21.

的更新，促进教师对教学实践进行不断反思，指导教师教育行动，改善课堂的整体教学思想环境。例如：创设教学情境、开展分层教学、明确三维目标等。

2. 实施"五环教学模式"

"弘毅课堂"采取"五环教学模式"（简称"20＋25"模式），即"（明确目标＋指导自学）5＋分组合作15＋展示提升20＋巩固拓展5"。这里的数字表示时间，明确目标和指导自学一共5分钟，教师讲授时间等于或小于20分钟，学生自主活动不少于25分钟。

（1）明确目标

教师备大纲、教材及相关知识延伸、拓展迁移的内容，背景、场景、情感、过程与方法、学生差异、弱势群体、人本、社会等，明确本节课的学习目标，向学生展示，作为学生自主学习的"纲"。学习目标要着重考虑学生差异性，根据学生的学习情况，同一年级的不同班级，学习目标可以或高或低，不尽相同。

（2）指导自学

对于跟不上的学生，老师不应该多给他补课，而应该鼓励他自己深入思考以前的问题，通过自己的努力，把问题真正弄明白。通过增强自信心和自尊心，学生自然就会跟上来。

①帮助学生树立自学意识

好的习惯让人受益终身，同样，好的方法可以使学习事半功倍。培养学生的自学意识需要一个过程，我们要有耐性，要持之以恒。只要我们大家都这样去做，经过一定时间之后，学生自主学习的习惯就能养成。

②引导学生理清自学思路

教师要为学生编写详尽的学案，告诉学生本节课要掌握的问题和自学的步骤。为学生展示出本章知识结构、本节所处的地位、本节的学习目标，让学生知道本节课要学会什么，怎么去学，学后要达到什么样的目标。这样学生会感觉思路清晰、任务明确，知道课堂上要做什么，该怎么做；学习结束后，能够了解自己对所学知识是否已经全部掌握。对于未掌握的知识，要求学生记录于课本，便于通过讨论解决。

（3）分组合作

教师以小组为单位分配学习任务，一般每组完成一项即可。小组领到任务后，自主探究，交流合作，形成自己或小组的最佳解答方案。

（4）展示提升

这是一个生生、师生、组组互动合作的过程，各小组根据组内讨论情况，对本组的学习任务进行讲解、分析，同时提出疑难问题并进行讨论解决。其他组的同学分享成果，或者在某小组展现时受到启发，又有更好的解答方法。

（5）巩固拓展

教师以试卷、纸条的形式检查学生对学习任务的掌握情况。对于练习中发现的遗留问题，如果课堂上时间充足，可以引导学生解决疑难，让知识掌握较好的学生帮助解决，或者安排小组长课后组织完成，也可以在下节课指导完成。

3. 创新课堂教学风格

教风是指教育机构在教学精神、教学态度和教学方法等方面形成的长期的、稳定的教育教学风气，它是贯穿于学生、教师、管理者整个学习、工作、生活的灵魂，是学校发展成败的关键。① 弘毅教育的教风是"厚德""严谨""精业"和"精心"。弘毅教师教育途径用于培养施以厚泽、态度严谨、精益求精、用心教育的教师，弘毅教师实干、能干、巧干、会干。

（三）情感内涵：弘毅教师教育途径是增强教师职业认同的路径

1. 加强教师道德建设

弘毅教师教育途径用于增强教师自我认同，加强自身道德建设。教师职业道德建设是随着教育的进步而不断发展的。弘毅教师教育途径是培养教师宽宏坚毅的路径。弘毅教师爱国守法、爱岗敬业、关爱学生、为人师表、终身学习。培养教师热爱祖国、热爱人民，拥护中国共产党领导，志存高远，

---

① 杨康勇. 加强教学管理 建设良好教风的探索［J］. 考试周刊，2019（42）：28.

勤恳敬业，甘为人梯，乐于奉献，诲人不倦，坚守高尚情操，崇尚科学精神，不断提高专业素养和教育教学水平。

2. 关注教师理智选择

弘毅教师教育途径关注教师理智选择。当今社会文化多元而复杂，现实生活有很多不确定因素，也充满诱惑，弘毅教师应当做出理智选择，处理事情不情绪化，在专业上追求更高的高度，学会自主学习，不断成长，规范行为，明确定位，努力塑造良好个性和人格魅力。

3. 激发教师奋斗激情

习近平总书记于2018年在北京大学师生座谈会上指出，"广大青年既是追梦者，也是圆梦人。追梦需要激情和理想，圆梦需要奋斗和奉献。广大青年应该在奋斗中释放青春激情、追逐青春理想，以青春之我、奋斗之我，为民族复兴铺路架桥，为祖国建设添砖加瓦。"弘毅教师教育途径既响应国家号召，也是从教师自我修养出发，在激情奋斗中绽放青春的光芒，要立鸿鹄志、做奋斗者。

二、弘毅教师教育途径的内容

（一）设立弘毅教师教育组织

1. 构建组织体系

构建以学科带头人为核心的教师教育组织体系，加强团队建设，设置由校长、副校长和教导主任组成的学校领导班子（校管会），再由校管会共同研究决定各科室及各项工作的负责人，共同制订学校制度，明确职责分工，建立长效机制，量化考核指标，做到学校的各项事务都有专人负责和管理。鼓励教师参与教师教育，参与学校建设，共同为学校的发展努力，以部分带整体，形成良好的风尚和有条不紊的格局。

2. 推行管理育人

健全管理制度，增强管理效能。聘请法律顾问，发挥学校工会的作用，组织教职工制订学校章程,按章程管理。学校定期召开教代会,对评优、晋级、提干等重大事项和学校发展的规划实行民主决策,积极推进教职工全员聘任制。组织科组长、级组长、中层干部及职工代表共同审议完善一系列规章制度,制订各类人员岗位责任制,建立教育教学量化考核制度、检查评比制度、表彰奖励制度、工作例会制度等,依法依制度管理,规范教学行为,提高管理水平。各处室严格按照规章制度实行精细化管理,制度面前人人平等,公正严明,发挥教职工的工作积极性,做到制度化、规范化的管理。

3. **推动协同育人**

根据本校教师实际情况和教育改革形势,选取合适的专题,采用"请进来"和"走出去"等多种学习形式,组织教师出去学习,比如到省外名校河北衡水中学、湖北荆州中学学习,到省内名校中山纪念中学、中山小榄中学学习,到湛江市田家炳中学、廉江第一中学学习;聘请专业水平较高的专家学者型教师,每学期进行专题讲座,提高教师的业务水平,促进专业发展提高。

此外,推进地方政府、高等学校和中小学"三位一体"协同育人体系创新,这既有直面我国目前教师教育发展不平衡、不充分的现实针对性,又有充分借鉴发达国家推进教师专业化经验的战略前瞻性。而落实好这一政策,需要不断进行"三位一体"协同育人的实践探索和理论研究。立足本校,联合政府、高等学校和其他学校探讨教师培训方案,对于促进中小学教师教育的健康持续发展具有重要的意义。

(二)强化弘毅教师教育实践

1. 树立弘毅教师教育实践观

当前,我国教师教育中存在教师培养针对性和适应性不强的问题,这是教师教育实施过程没有很好对接教学一线需求,实践性弱的体现。[1] 弘毅教师教育途径的实践性特征决定了教师要树立教师教育实践观,主要有三点做法:

---

[1] 王军. 论作为专业教育的教师教育:内涵、特征与路径 [J]. 教师教育研究, 2019 (04):7—15.

第一，建立专业化的教师教育实践观。要拓展和重构传统的教师教育实践观，转变过去把教师教育中的实践仅仅理解为职前教育实习的看法。要深刻认识到教师教育的"全实践性"，实现理论和实践在教师教育中的深度融合。第二，确保实践性在教师教育中的绝对重要地位。积极为教师工作多元化寻求机会，不断拓展其新的实践角色感受，如参与模拟教学、教师课题研究、学生管理工作、社会服务工作等多项实践经历；拓展可能对其教师专业发展产生重要影响的关键实践的生成面，坚持并全面贯彻专业化的教师教育实践观。第三，在形式和内容两方面建立教师教育与一线教学实践的紧密联系。在二者的不断对接与碰撞中，寻找实践的涵义和探讨如何实现好的实践，并将经验落实到教师教育政策与实践中。

2. 确立弘毅教师教育实践的重要性

领导要重视弘毅教师教育实践，积极开展职前教育培养和职后教师培训等教育实践活动，构建教育实践共同体，打造弘毅教育品牌，促进教师实践能力成长。教师通过处理教育实践问题，获得新的实践知识，对问题加以分析，建构知识，培养实践能力。学校领导班子要充分发挥教师自身的创造力。例如，职前教师参与到教育实践工作中，遇到教育实践问题并加以解决，实现实践能力的有效增长；职前教师主动与实践导师、高校导师交流，以老带新，则会有更加强烈的学习动机。对于职后教师，定期培训，开展教学研讨活动、教职工教学比赛等，让教师参与到实践中，将理论与实践结合，和实习老师、其他职后教师、高校教师沟通交流，获得更多实践经验。

3. 建立弘毅教师和教学名师教育实践联系

引领教师专业成长，打造卓越教师队伍，除了需要教师自身努力之外，学校建立弘毅教师教育实践和教学名师教育实践联系也必不可少。名师经验不仅可以促进优秀骨干教师有方向、有突破地成长，而且有助于他们快速、整体和系统发展。学习名师教育理念、学科建设、专业建设、课程建设、社会服务等经验，有助于促进教师专业成长。充分发挥教学名师的示范引领作用，对于推进教育教学改革创新、加强教风与学风建设、提高教学团队建设水平等都具有十分重要的意义。

4. 以课题研究为龙头带动教师弘毅有为

与高校合作，开展学术论坛，促进教师的专业化发展。校长要站在学校可持续发展的高度，把教科研工作作为学校工作的一条红线贯穿始终，把提高教师队伍素质作为抓手。[①] 本校与岭南师范学院教科院协议合作，长期聘请王林发教授担任我校校本课题培训导师，制订计划，认真实施，从中层、科组长、级长、骨干教师开始，采用"扶上路送一程"的方法，学校提供资金支持，骨干教师带头积极开展校本课题研究，充分利用学科骨干教师、名师的带动辐射作用，形成浓厚的教研氛围。另外，将课题相关文件、工作制度、实施方案、阶段评价等编成小册子，让教师对课题研究工作的流程有完整的了解，并可随时拿来学习和参考。每年都举办教研成果评奖活动，表彰在国家、省、市级刊物发表文章的教师，激发教师参与课题研究的兴趣，带动教师弘毅有为。

（三）建立弘毅教师教育细则

1. 确定学期常规工作

经过校领导班子集中讨论，确定如下的每学期常规工作：

（1）周一班会课，宣读校本教材里的一个故事，或是我校的办学思想体系，两者可以交替朗读，目的是树立榜样，唤醒学生弘毅意识，促进成功品质的养成。朗读时，可以全班齐读，也可以请一位同学大声朗读。

周一班会课上还要指导学生填写《学生弘毅成长手册》。

（2）周二至周五早读课，一起朗读一段或一句弘毅名言。

（3）每月评比一次校园之星。

（4）每半学期评价一次成功品质。

2. 端正行政后勤作风

行政后勤是学校的管理部门、服务部门，加强行政后勤管理，提高执行力，对促进学校的发展非常重要。常言道：复杂的事情简单做，你就是专家；

[①] 李健康. 浅谈小课题研究在教师专业成长中的实践［J］. 读天下，2019（18）：82.

简单的事情重复做,你就是行家;重复的事情用心做,你就是赢家。毛主席说:"世界上怕就怕'认真'二字,共产党就最讲认真。"推行"认真负责、精细高效"的行政后勤作风。重视思想,细致入微,严密周到,按时完成,尽力做到最好。

3. 确立班主任弘毅教育的建设方案

班主任弘毅教育的建设方案是班主任开展教育活动的指南。综合本校情况,确定如下班主任队伍建设方案:

(1)抓好班主任例会学习。采用我校名班主任和老教师做讲座、介绍经验、谈体会等方式,每次一个专题,剖析存在问题,研讨措施,解决实际困难。

(2)抓好班主任培训工作。形式多样,或走出去,或请进来。带领班主任到本市或省内外其他城市各中学学习考察,聘请高校教师、区机关单位人士、兄弟学校相关人员到我校讲学、介绍班级管理经验。与市勇者体育有限公司合作,组织班主任到森林公园进行野外能力拓展训练,形式新颖,内容生动有趣,寓教于乐。

(3)抓好班主任量化考核工作。每月考核一次班主任工作业绩。各处室根据管辖内容按方案考核,德育处负责汇总评定等级,公示表彰。

4. 科组开展弘毅教师教育论坛

为落实《关于全面深化新时代教师队伍建设改革的意见》和《教师教育振兴行动计划(2018—2022年)》,科组定期组织教育论坛,聘请教育专家指导,教师欢聚一堂,聆听报告,观摩名师研究课,参与主题研讨,进行学术交流;开设弘毅教育大讲堂、开展职业规划、人类与环境、人生与修养等专题讲座。头脑风暴后,各科组相互借鉴经验,为本校教育工作提供实践参考。

三、弘毅教师教育途径的意义

(一)弘毅教师教育途径是教育活动发起的重要导向保证

弘毅理念决定教育活动发起的方向,弘毅教师教育途径用于有目的、有计划、有组织地进行教师培训，培养教师抱负远大、意志坚强的品质，对活动发起具有显著的正向影响。教育目的是教育活动的出发点与归宿。每一项教育活动都有它预期的结果，这种预期的结果是教育目的具体化的表现。只有通过各种各样的教育活动实践，每一项教育活动的目标才能达成；只有达成具体的教育目标，才能实现总体的教育目的。弘毅教师教育途径是教育活动发起的重要导向保证，可增强教师教育的针对性和有效性。

（二）弘毅教师教育途径是教育活动开展的基本构成要素

教育活动由教育者、受教育者、教育内容、教育途径、教育手段及教育环境六个要素组成。"六因素说"能够较好地解释整个教育过程，较切合教育实际。从"六因素说"中我们可以发现，教育途径是教育活动的基本构成要素之一。换句话说，弘毅教师教育活动是教育者通过一定的教育途径将教育内容传递给教师并促使其发生积极变化的过程。没有教育途径，教育将无从展开，教育影响也无从实施。因此，弘毅教师教育途径是教育活动开展不可或缺的构成要素。

（三）弘毅教师教育途径是教育活动质量的关键影响因素

培养新时代的高素质教师，需要把好教育质量关。影响教师教育质量的因素有很多，如教育目标是否现实与合理、教育者的业务素质与责任心如何、教育内容的科学化与现代化程度、受教育者的主观能动性如何、教育手段是否合理等等。弘毅教育途径是影响教育质量与教育效果的重要因素。同样的教育内容，采用不同的教育途径，其效果可能差异悬殊。针对不同的教育内容和教育目的，必须采用与之相对应的教育途径，教育途径与教育过程达到最优的组合，教育质量与效果才能最大化。

第二节 弘毅教师教育的体系

弘毅教师教育是由教师教育组织及其培养培训制度所构成的系统。建立符合现代社会发展的，专业、开放、灵活的弘毅教师教育体系，对于提高教师专业发展水平和教师社会地位，以及提升学校教育质量都具有重要作用，对于促进我国政治、经济、文化发展也具有深远意义。

一、弘毅教师教育体系构建的必要性

（一）提高教师专业发展水平的需要

弘毅教育注重教师专业成长，采用职前培训、入职培训、在职培训、自我教育、师徒结对、同伴互助等多元方法，提升教师专业发展水平。弘毅教师具备从事教育活动必需的专门知识，掌握良好的学科专业知识和教育教学技能，践行"专业教师做专业事"的理念。例如：他们精通普通文化知识、教育专业知识和学科专业知识；具有条件性专业知识、本体性专业知识和拓展性专业知识；掌握口语表达技能、书写规范汉字和书面表达技能、教学工作技能、班主任工作技能；擅长教学组织、设计和开展；掌握现代信息技术应用和教育科研能力；了解前沿科学发展方向。他们经常记录和反思教育活动中的关键事件和问题，具有积极向上的形象。构建弘毅教师教育体系，在师生关系上强调尊重，在教学关系上注重帮助与引导，在自我关系上关注自我成长，在同事关系上强调合作，以全面提高教师专业发展水平。

（二）提高教师社会地位的需要

在传统社会中，尊师重教蔚然成风。然而，当前我国社会发展处在快速多变、纷呈复杂的现代化新时代，多种社会思潮涌动，教师的社会地位有所降低。加之教育工作具有人本性、教化性、传承性等特点，大众通常对教育工作者的职业伦理和道德水平会有更高更严的要求，一旦部分教师出现一些问题，大众容易以偏概全，片面认为当前教师整体道德败坏，这也削弱了教师的社会声望。而弘毅教师教育体系注重教师教育一体化，加大教师教育经费投入，鼓励教师在职深造，提升学历水平，提升社会对教师的尊重和信任感，在整体上改善教师的社会地位。同时，弘毅教师教育体系注重师德建设，评选弘毅教师、弘毅班主任，形成良好的工作氛围。良好的师德教育有助于造就更优秀的教师，进而改善教师的职业获得感，提高社会对教师的评价。

（三）提升学校教育质量的需要

传统的教师教育体系是一种封闭性、低效率和大班额的培养方式，整个体系的目标定位于大规模、高速度地培养教师，重点追求的是教师数量的满足，追求教师普及化，是一种相对比较粗犷的"大众化"教师教育体系。弘毅教师教育体系是一种以专业型、一体化、高质量为目标和特征的新型教师教育体系，教师常规开展集体备课、观课与议课，学生发展研究等活动，规范和创新教育工作。它将教师教育的重点由数量普及转向质量提升，并以提高教师专业发展水平为前提，以建立教师教育学科知识体系为依托，以提升教师专业技能为目标，以塑造中小学教师正面形象为基础，以提高教师专业培训标准为手段，全面提升教师教育质量，提升理论知识，加强教育实践，培养更多高水平的教师，提升学校整体教育质量。

二、弘毅教师教育体系构建的思路

（一）完善弘毅教师教育机制

1. 设立专业化的弘毅教师教育组织

建立完善的专业化弘毅教师教育组织，目的就是为了让教师自觉自发立足岗位，共同探讨教育问题，探索教育规律，展示自我价值，实现职业理想。健全和完善培训激励、物质激励和成果导向激励的教育深造机制，致力于打造一支专业水平高的教师团队。首先，贯彻落实《教育法》《教师法》《中小学教师职业道德规范》，规范从教行为。其次，建立教师学习体系，使广大教师扎实持久地理解终身学习的涵义，充实、更新知识和技能。再次，实施教师自我评价为主的发展性评价方法，提高教师业务能力，把专业发展作为个人教育教学工作考核和学校精神风貌建设的主要依据。最后，学校教务科加强教师队伍建设管理，把教师个人职业生涯设计为"教师—双师—骨干—带头人—名师"的成长轨迹，构建合作性的学校文化和教师文化环境；把校本培训和校外培训相结合，突出培训成果再培训，扩大受惠面，提升教师专业素质。

2. 建立全面、合理、专业化的教师标准

弘毅教师是具有远大抱负和坚强意志的教师，以生为本，教书育人，立德树人。无论何时、何地，弘毅教师的关注点都是以学生的全面、健康发展为目标，不偏离学生这一主体。教师具有较宽广的科学和人文素养，要求一专多能、知识面广。我校结合"四有好老师"标准，建立弘毅教师标准：第一，具有远大志向、博大胸怀，学为人师，潜心教书育人；第二，具有高尚的道德，行为世范；第三，具有较强的教学能力、示范能力以及推理思考能力；第四，具有组织管理能力，管理班级，组织开展教育活动；第五，具备较强的科研能力，运用实践心得开展课题研究；第六，具有创新能力，在教育道路上保持活力。

3. 创建良好的教师教育制度环境

教师培训的效果很大程度上取决于教师自身的努力，教师接受培训的主观能动性如果调动不起来，只是被动地接受培训，则很难有良好的效果。要想充分调动教师接受培训的主动性，需要创建良好的教师教育制度环境。

第一，完善教师接受培训的管理机制。建立校长全面负责制，分管领导、年级组长等各级领导负责制。在宏观上，依据国家教师培训政策，制订与国家经济和社会发展五年规划对应的教师培训工作五年规划，并制订相应的年

度培训工作计划。在微观上，借鉴先进在职培训的学分制和证书制度，建立五年制的教师培训学程制度，规定每个学程的学分量值，在一个学程内获得规定的学分，方能获得合格证书。

第二，采用教师激励办法，对完成培训的教师给予奖励，对教师进行思想道德教育。要让教师在工作中有目标、有动力，让教师懂得只有接受培训、努力学习，让自身专业水平与社会发展相符，才能有宽阔的教学改革思路，才能获得理想的教学效果，当然也因此才能得到相应的奖励。以此，用反击法调动起教师主动学习的积极性，提升接受培训的动力。

（二）建设弘毅教育师资队伍

1. 校本培训与外出学习相结合

随着时代的发展，教师不仅仅要有较高的学历，还应具有可持续发展的能力；学校也不仅仅是培养学生的场所，更是教师走向专业化的舞台。因此，一所学校要向更高层次发展，真正实施个性化教育，必须实现教师本体的发展，实施强师工程。建设弘毅教育师资队伍，采用校本培训与外出学习相结合的方式。

第一，校本培训。首先，开设弘毅教育大讲堂，开展不同专题的讲座。其次，定期开展"教研汇报课"研讨活动，通过备课、上课、研讨、反思、再上课、再反思，一起交流，取人之长，补己之短，在不断探索与反思中提升教师课堂教学水平与研究能力。通过教研汇报课，促进教师之间的合作交流、共同成长。此外，以课题开展为契机，学科带头人带动其他教师专业化成长。通过课题的开展，让更多普通教师参与其中，使策划和科研能力得到提高，焕发教师激情。

第二，外出学习。学校不断拓宽思路，开阔视野，大力加强同外校的合作与交流，寻求专业引领的更多途径。积极为教师创造外出学习考察的机会，与高校建立联系；与兄弟学校合作，进行换岗交流，相互切磋，勇于展示自己。在校外学习交流中，老师们能够抓住机会锻炼自己、发展自己，在实践中提升教师的专业发展水平。对于每次的外出培训学习，教师返校后都及时进行总结，并开展学习交流会，分享先进的教师教育理念，引进先进的管理技术。

2. 专职教育与兼职教育齐并行

建设弘毅教育师资队伍，采用专职教育与兼职教育相结合的方式。从专职教育和兼职教育两方面出发，有计划、有组织地开展教师教育活动。一方面，设置专门专职教育管理部门，由专职教师作为部门负责人，定期组织师资队伍的建设活动，建设专职队伍，邀请理论与实践兼备的指导老师对普通教师进行培训，让专职教师明确教师的基本职责，提升课程研发、项目研发、业务技能和业务水平，增强教育热情。另一方面，设置专门兼职教育管理部门，对兼职教师进行多元化的教育，培养兼职教师良好的职业素养、团队协作的意识、规范化的工作习惯、强烈的工作责任感以及自我学习的精神。例如，对于部分优秀教师进行额外的培训，以便填补学校教育的空缺。此外，在师范生进行实习时，老教师带动新教师，对入职前的教师进行教学规范方面的培训，包括备课、授课、总结等，让实习教师做好入职准备工作。只有建立起合理的教育团队，才能够为学生教育提供优质教育内容，在管理团队的建设上，应该专注于培养骨干教师团队，不断整合教育资源，促进教育的动态化管理。

（三）构建弘毅教师教育课程体系

1. 专业教育与弘毅教育相结合

建设弘毅教育师资队伍，采用专业教育与弘毅教育相结合的方式。如果说"教书育人"是教师职业的本真使命，那么"教育未来教师"就是教师教育者的专业职责。[1] 学校有责任对教师进行培训，使教师具备扎实的学识，掌握过硬的专业本领。教师的一言一行、一举一动，都对学生产生潜移默化的影响。弘毅教育注重德育，学校德育要切实提高实效性，加强教师理想信念教育，着力推进师德养成，以激发志向、培养意志，养成良好的品质修养，

---

[1] 杨跃，匡曼玉. 论教师教育者的核心专业素养及其培育[J]. 现代教育管理，2020（1）：85—91.

从而更好地教育学生。

2. 理论课程与实践课程相结合

建设弘毅教育师资队伍，采用理论与实践课程相结合的方式。对教师进行理论课程培训时，精心组织与准备，传授进行本体性知识、条件性知识、实践性知识和文化知识，进行知识技能、行为规范、教学经验的交流。"纸上得来终觉浅，绝知此事要躬行。"同样，教师需要加强实践，方能获得更多感悟。学校重视教师应用知识开展教学活动，引导教师将理论知识应用于实际教学中，使教师能够将专业知识与实践相结合，在实践中激发教师的研究能力和创新能力，满足社会发展对教师的客观要求和教师自我提升的需要。

3. 线上课程与线下课程结合

采用线上线下课程结合的模式，对教师进行培训。线下培训以教师专业成长为出发点，精简优化教学内容，开展讲座、学习交流会。在培训中，教师积极阐述自己的观点，根据在交流会中所提炼的经验，将所学知识应用到实际生活中。科学合理地运用信息技术，进行微课制作与视频录制，完善各种教学资源、练习库、案例库等。通过线上论坛、课程、专题学习，提高教师的学习兴趣。线上的交流和互动使教师能够灵活地利用碎片化时间进行自主学习，提高教师学习效率，同时扩大课程受益面。

（四）建立弘毅教育评价体系

1. 自我评价与他人评价并行

建立弘毅教育评价体系，采用自我评价与他人评价并行的方式。教师加强自我评价，进行反思和自省，对优缺点进行评价，加深自我评价概念，细化自我评价内容，严格自我评价流程。针对他人评价方式，我校在教育教学管理上建立了由学生评教制度、家长评教制度和学科组评课制度相结合的对学生学业多维度评价方案。多维度的评价更全面、科学、精细、到位、合理、公正，能及时掌握教学动态和客观科学评价教师教学工作，督促教师不断改进教学工作。

2. 量化评价与质性评价并用

建立弘毅教育评价体系，采取量化评价与质性评价并用的方式。第一，量化评价逻辑性强，标准化和精确化程度高，能对教师教学、课程现象的因果关系作出精确分析，结论也更为客观科学。第二，质性评价尊重现实，能对没有预先安排好的结构进行评价，对问题的认识较为真实而全面。它突出的是对人的尊重，评价对象本人即是主要的评价工具，从评价对象的角度去解释评价对象及其行为的内部异议，所关注的是评价对象自己的看法，尊重评价对象对自己行为的解释。量化评价与质性评价并用，评价将更全面准确。

3. 学习过程与学习结果评价并重

建立弘毅教育评价体系，采用学习过程与学习结果评价并重的方式。关注教师的学习过程，包括学习方法、步骤、策略，定期检查教师的教案，抽查教师上课情况、作业批改情况。针对教师的教学成果进行结果评价，在结果评价的基础上，在校内公开投票评选"弘毅教师""弘毅教师标兵""弘毅班主任"。

三、弘毅教师教育体系的特点

（一）专业型

1. 促进教师构建过硬的学科知识体系

弘毅教师教育旨在让教师掌握博而精的学科知识，精通教学理论，懂得教育理论研究，善于总结、推广学校教育管理工作经验等。构建以生活为基础，以学科知识为支撑的教师培训课程，立足于教师现实的工作需要，着眼于教师的发展需求，把理论观点的阐述寓于教学生活主题之中，让教师理解并运用学科思想去分析问题，解决"为什么教""如何教"的问题，依据知识形成拓展自主教学能力，构建过硬的学科知识体系。

2. 促进教师树立与时俱进的现代化教学观念

在开放、共享、交互的时代，教师工作的性质和方式需要体现新的教学理念。我校进一步梳理教师教育目标，构建多元参与、高效互动的教师教育体系，依靠较为完善的教师教育体系提升教师素养，以此为我校教师教育工作注入活力。面对新课程，教师应树立全新的学习观，学会终身学习，适应未来教育的发展需要。教师积极行动起来，充分、有效地运用现代技术，创设新的适应学生成长的教学方法和情境，从知识中心转向问题中心，为改善学生的学习体验、激发学生的学习兴趣创造良好的环境。

3. 加强教师自我专业发展的能力培养

新课程的实施要求广大教师提高专业化水平。为此，教师要通过培训拓展专业知识，加深对课程知识、学生知识和教学知识新内涵的深刻理解，拓宽有关人文、科技、环保等方面的知识；要提升专业技能，重点提高运用现代信息技术的能力，提高协调人际关系与沟通表达的能力，提高问题解决与行动研究的能力，提高创新思维与实践的能力，提高批判性反思与自我发展的能力；要健全专业情意，确立为学生发展服务的观念，形成崇高的道德情操和远大的教育理想，规范职业道德和教育行为。

我校教师越来越多地对课堂教学进行自发性研究，逐渐形成教学反思的习惯，提升自身专业发展能力。2015年下半年，在市、区教育局组织开展的高中高效课堂竞赛中，我校取得优异成绩，莫燕兰等6名老师获得区特等奖，5名教师获得区一等奖；其中李倩老师获得区第一名的好成绩，并代表霞山区参加市高效课堂竞赛的比赛，获得市一等奖。

（二）一体化

1. 职前培训

搭建职前培训平台，对教师进行职前培训。第一，学校组织新教师进行上岗前的全方位培训，主要就"师德师风""班主任工作""教育科研""校园信息技术的运用"等方面进行指导学习。第二，落实结对子制度。为每一位新教师安排一位有经验的骨干教师做师傅，指导新教师的教学工作。具体要求是，师傅每周至少听一节徒弟的课，徒弟每周听两节师傅的课。第三，进行基本功训练。新教师来校后先进行摸底调研，对于基本功还不够扎实的教师进行岗位基本功训练，特别是粉笔字能力、板书设计、口头表述能力等"写功"与"说功"的培训。

2. 入职培训

为了让新教师尽快适应学校教学，进行有针对性的培训，突出本校教师团队特色，为培育专业人才奠定基础，将教师新入职培训模式发展与高校人才培育关联在一起。① 丰富入职培训形式，在培训内容中融入地方性知识与技能，为新手教师搭建平等的交流互动平台。参训教师要有自己的思考，要在培训中通过阐述、释放和表达，分享彼此的观点，提升各自的经验。新入职教师通过自己在教学实践中努力探索以及向比较有经验的教师虚心学习，较快地成长为一名有经验的教师。

3. 职后培训

职后培训是促进教师专业发展的重要途径，是推动教师职前培养和职后发展一体化的关键环节和重要举措。② 教师队伍中的任何一位教师都有必要接受常态性的职后培训。如果不接受培训，思想就无法及时更新，容易使经验心得固化，缺乏活力，难以成长。学校对教师采用分类培训的办法，例如师德修养类、学历提升类、知识拓展类、技能强化类等，使教师教育具有针对性。同时，鼓励教师参加省、市、县教育培训班，提升专业水平。此外，坚持系统性和发展性原则，在培训内容上，设计系统的教师可持续发展课程；在培训形式上，加强互动和研讨。

（三）开放式

1. 与高校建立联系

高校是为中小学教师队伍建设输送人才的主力阵地，建立与高校的联系，有利于中小学培养高素质教师。聘请高校教师指导，着力从教师职业道德、专业思想和教育教学技能、课题研究等方面，增强教师的社会责任感和使命

---

① 梁燕平，曾名芹. 高校新教师入职培训模式探析［J］. 长江丛刊，2020（5）：92—93.

② 叶存洪. 教师职后培训：非新无以进［J］. 江西教育，2020（13）：4.

感。我校与岭南师范学院教科院协议合作，长期聘请王林发教授担任我校校本课题培训导师，制订计划，认真实施，从中层、科组长、级长、骨干教师开始，采用"扶上路，送一程"的方法，学校资金支持，骨干教师带头积极开展校本课题研究，充分利用学科骨干教师、名师的带动辐射作用，形成了浓厚的教研氛围，取得了很好的效果，不但弥补了我校教师教育实践的缺陷，而且弥补了教师教育理论的不足。2016年，一批校本课题获得湛江市课题立项，甚至获得省重点课题立项。

2. **与其他中学合作**

加强与其他中学合作，实现优势互补、资源共享，共同影响教师的教育理念、专业知识、职业认同感、教育教学行为等，最终促进教师的专业成长。通过搭建科研训练平台，加强研学，双方共同进步。例如，采用"同课异构"方式对比课堂教学行为，组织教师共同研讨课堂教学。课前，组织实践学校教师集体备课，准备好教学内容；课中，组织教师根据课堂教学行为观察量表分组进行观察；课后，双方教师讨论交流，对比课堂教学行为进行研讨。[①] 协同其他中学开展教育活动，联合举办教师培训，规范教师行为，增强教师自我提升的自觉性。

3. **学习国外先进教育理念**

人类命运共同体意味着相互依存、共建共享。构建人类命运共同体赋予教育内外学习交流新的时代使命。除了学习我国的先进教育理念，也应放眼世界，主动学习国外先进教育理念，例如：西方中小学中独具特色的"校长合作领导"地方性教育实践模式、德国双元制、加拿大CBE、澳大利亚的TAFE、英国的BTEC等理念，对于我校教育实践都具有重要参考价值。

---

① 叶立军，斯海霞. 基于中小学教师专业发展的"PET"合作模式研究与实践［J］. 中小学教师培训，2017（2）：9—12.

第三节 弘毅教师教育的策略

百年大计,教育为本;教育大计,教师为本;教师大计,教师教育为本。教师教育的实施讲求策略,弘毅教师教育策略的实施,是提高教师素质的重要支撑,是推动教育改革的有力保障,是提高办学质量的必然需求。当下,中学教师教育培养模式依靠传统教育思想,存在教师自我提升的意识淡薄、教师教育培养的维度单一、教师培养模式的创新不足等问题,很难满足当前教育与社会发展的共同需求。教育质量是学校的生命线,师资力量则是保证教育质量的根本。学校要办好人民满意的教育,必须从加强师资力量入手。本节针对现实问题,提出弘毅教师教育基本策略。

一、弘毅教师教育策略实施的必要性

(一)提高教师素质的重要支撑

《中国教育现代化 2035》提出,"高素质专业化创新型教师队伍是加快教育现代化的关键","要坚持把教师队伍建设作为基础工作"。新课改的教学目标将教师的位置从教学主体地位转移到主导地位,从教会学生知识转向引导学生学会学习,从注重科学知识的讲解转向注重学生的发展。[1] 新时代教师队伍建设目标反映了建设社会主义现代化教育强国的具体要求,由此需要提高教师队伍的整体素质。教师为了更好地完成教育任务,必须提高自身素质,参与教师培训则是其有效途径。部分教师存在着教学水平低、专业能力不足、

---

[1] 葛晓穗. 农村教师的继续教育:挑战、机遇与策略[J]. 继续教育研究,2017(2):72—74.

发展目标模糊等问题，为引导教师提高自身素质，同时不受保守教学理念和自身动力不足的影响，教师教育是当务之急。

（二）推动教育改革的有力保障

国运兴衰取决于教育，而教育水平取决于教师。[①] 为推进教育改革，我国出台了《关于实施卓越教师培养计划的意见》《教师教育振兴行动计划（2018—2022年）》《关于全面深化新时代教师队伍建设改革的意见》《中国教育现代化2035》等一系列政策。学校学习并落实国家教育政策，开展教师教育培养工作，制订弘毅教师教育策略，引导教师不仅要会教学，懂管理，还应加强自身道德修养，积极开展科研学术工作，采用先进的思想理念、独特的发展模式、科学的管理手段促进教师实现专业发展和自我提升。同时，弘毅教师教育策略的实施是为了适应新课改的需要。新课改要求我们实现素质教育，培养学生的创新精神和实践能力。为了有效引导学生朝着新课改目标学习，培养优秀学生，教师首先要使自己具有较高的思想素质，需要转变陈旧的思想观念，不断提升自身能力，用满腔热情对待教育事业，对学校教育改革工作有更强烈的接受意愿，在教育教学改革活动中也要有更加积极创新的表现。

（三）提高办学质量的必然需求

在弘毅教育不断推进的过程中，我校教师教育队伍规模迅速扩大，教师培训数量不断增长。我们加强师资建设，建立学习型组织；不断更新教育观念，牢固树立质量意识。同时，努力改善学校各方面办学条件。学校管理注重把教学改革、提高教学质量放在各项工作的核心位置，定期不定期地进行教学条件、教学水平、教育质量的自我检查和评估，建立起严格的教学管理监督机制。开展教师培养工作，是对教师教育教学、学术科研、道德品质等各个方面的教育引导，有利于学校建立起一支团结协作、积极进取的教师队伍。教师是学校发展的重要力量，也是学校最为宝贵的教育资源，良好的学

[①] 范牡丹. 高校教师教育培养的模式分析及优化策略［J］. 高教学刊，2019（20）：161－163.

校文化和职业氛围有利于教师的快速成长，优质师资也能反过来为学校发展提供保障。优秀教师在为学生传道授业的同时也能为学生及时解学业之惑，解能力之惑，解思想意识之惑。对学生价值观的积极塑造有利于维护校园生活的健康稳定，也是学校发展所迫切需要的。

二、教师教育存在的问题

（一）教师自我提升的意识淡薄

部分教师专业知识不足，在知识更新时代缺少接受继续教育的自觉性和提高自身教育业务水平的紧迫感，无法满足学生的求知需求。在日常工作中，教师单方面认为自己过去接受过教师教育，就已经具备教学生的技能，原有的思维定式和传统观念使他们对培训抱着一种排斥的态度。同时，教师对自我的管理不足，在教学和工作中存在随意性的态度，长此以往就会导致其自我提升意识淡薄。由于教师自身工作量较大，身兼数职，费尽力气满足教学工作，容易产生职业倦怠感；较少时间参与讲课大赛、教研活动等，很多时候都是为了应付学校的安排，截取其中一部分学习，没有深入学、系统学和全面学，教师没有在活动过程中认识到自身的不足，因此也就无法激发起希望提高自身教学能力和教学专业水平的意愿。除此之外，相当一部分教师除了工作，还需要花时间处理生活中的其他事情，业余时间忙于家庭生活，没有更多精力在教学之余进行继续学习，其继续教育的意识比较淡薄；部分教师缺乏坚强的意志力，往往半途而废，因此没有动力继续自我提升。此外，有些教师还认为提升与不提升没有很大区别，因此选择安逸混日子，避开麻烦事。

（二）教师教育培养的维度单一

在制订教师教育培养维度时，首先要解决的是培养体系的顶层设计问题，即厘清培养体系的制订依据，以保证教师教育体系本身的真实性、针对性和科学性。教师承担着教书育人的重要职责，既要有教师专业理念与职业道德修养，又要具备专业理论知识，同时要兼顾学科教育实践能力。这三个维度基本涵盖了教师在职业成长和个人发展过程中所需要的条件。但在实践过程中，教师的教育培养很难完整地覆盖各个方面，存在过于倾斜和侧重现象，容易导致教师各项能力发展的不均衡。比较常见的是重教书而轻育人、重学术而轻思想，很多培养活动只是以教师教学技能提升为目标，以科研学术的突破为重点，重结果而轻过程，与"立德树人"的要求相去甚远，这就忽略了素质教育的实质和目的，无论是对人才培养还是对教师成长，都有明显的阻碍作用。作为教师的人，是有形的知识、能力与无形的态度和精神的相结合，要兼顾作为独立个体所需要的特质和条件。育人要有专业理念和师德，教书要有专业理论知识，实践要有过硬的学科教学理论、学科教育实践和学科技能，对自身发展要有清晰的认识和规划。要培养和提升教师的职业素养，这些维度的提升对于改善教师教育都具有重要意义，都应得到关注和重视。

（三）教师培养模式的创新不足

在实际教育活动中，学校由于受到传统培训理念的影响，培训内容和形式往往缺乏创新性。从外在来看，学校对于教师培养模式思考不到位。一方面，在内容上不够创新，为了节省准备时间，采用已经用过的培训课程、课件等等，培训内容还是传统的技能、理论类型，单一且缺乏创新性，较少涉及互联网＋、大数据、云计算等现代信息技术、科技理论的培训；学科知识结构不完善，尤其是学科的一些专业理论基础知识掌握不够扎实，影响到其在课堂上的教学质量。另一方面，在形式上只是走过场，学习之后缺少实践，较少再次讨论。研训教出现断层的现象，教师培训、教育教学研究与课堂教学没有形成完整的过程，研究、实践、学习、进修没有形成统一整体，教师的整体素养难以提升。学校与学校之间的交流一般都是公开教学，而较少开展课题研究、学科竞赛等相关活动，导致教师之间交流学习和探讨的机会少。此外，校内各年级、各学科的教师较少一起参与到培训中，知识面不够宽，在交流活动中难以更准确地了解到自身的不足之处。从内在来看，部分教师较少对自己的教育教学工作进行全面客观的评价，缺乏自我提升的素养和继续深造的动力。这些都导致教师教育针对性不强，教师培训策略创新不足。

三、弘毅教师教育的基本策略

（一）树立科学长远的教育观念

1. **推行教师主导引领的教育理念**

教学活动是教师的"教"与学生的"学"共同活动的过程。在当代教育理念里，要求把学生作为学习的主体，以教师作为主导。这种理念具有科学性和可行性，不仅关注对学生知识的教授，也关心他们内在的需求，因此，教师主导引领的教育理念能够在全国范围内实施起来。教师作为第一线的教育实践者，应深刻体会每一个先进教育理念内涵，并且在自己的行动当中把它们凸显出来，以促进学生更好、更快、更高地发展。教师提升自我，在进行教书育人的过程中，其认知也得到进一步发展。因此，学校鼓励教师树立从"适应"到"引领"的教育观，提高认知。从整体设计的框架和内容、教学目标、课程定位、教学方法选择、教学反思等方面改进教学，促进教师认知发展；从教学经验、课堂模式、教学问题、解决措施等方面进行科研，促进教师专业发展。教师严以律己，勤于学习，勇于创新，甘于奉献，不断提高自身的师德修养和人格魅力，努力做学生喜欢的好老师。培养敬业爱生、严谨治教、乐于奉献、团结合作的师德精神，用新思想引领学生。

2. **确立发展性教师教育的思想**

社会在发展，教师只有发展，才能跟上社会步伐。发展性教师对于学校教育教学质量的提高有着重要意义。教师的专业化发展水平与教育质量紧密相关。《国务院关于基础教育改革与发展的决定》强调："建设一支高素质的教师队伍是扎实推进素质教育的关键。"我国基础教育课程改革的深入，以及经济全球化引起的教育全球化趋势，都对教师素质提出了更高的要求。但教师素质的提高，离不开教师专业化的发展，而发展性教师教育思想是提高教师素质的必要组成部分。我校不仅注重教师个人的工作表现，而且重视教师未来的发展，并为教师提供常规培训或自我发展的机会。教师根据实际情况，制订出适合其发展的目标，收获更多的知识，提高自己的专业知识素养和专业技能。而教师的专业知识素养、专业技能的提高，在某种程度上也能够坚定教师的价值观和职业信念，提升从业兴趣，进而提高专业热情。随着基础教育课程改革的深入，教育活动对教师素质提出了更高的要求，发展性教师教育思想以促进教师未来的发展为指向，在一定程度上满足了教育实践的需要。

3. 形成教师学习和反思的策略

学习和反思是教育中必不可少的环节。我校注重引导教师树立终身学习理念，加强自我反思。教育家马卡连柯说："学生可以原谅老师的严厉、刻板，甚至吹毛求疵，但不能原谅老师的不学无术。"可见，拥有扎实的专业功底对教师站稳讲台具有重要作用。过去常说：要给学生一杯水，自己就要有一桶水。如今，时代发展了，社会进步了，"一桶水"已远远不能激起受到信息浪潮冲击的学生的兴趣。要给学生一杯水，教师就要有知识的"源头活水"。教到老，学到老，要不断给自己"增氧""充电""扩容""刷新"，更新知识，创新理念，超越自我，厚实为师的底气。树立终身学习的思想，不断充实自己，拓宽知识视野，才能在学生心目中树立起较高的威信。"经验＋反思＝成长"这个公式表明了一个教师在发展过程中所经历的成长过程。反思是教师进步的阶梯，是教师进步的重要途径。通过反思，能够不断提高教师自我教学监控能力，提升教师的专业素质、综合水平等，促进教师形成自己独特的风格；帮助教师在教育活动中发现问题，深入冷静地思考和总结，并最终能够积极而审慎地将研究结果和理论知识应用于实践中。通过学习和反思，还能促进教师敢于怀疑自己、敢于突破、超越自我、发展自我、建构自我，不断地向高层次迈进；帮助教师检查教学目标的实现情况，分析教学中的不足，记录教学中的困惑，发现某种教育教学行为是否对学生有伤害，可以发现自己的教育教学方法是否适合学生等，从而帮助教师迅速接收反馈信息，找出成功与不足，使课堂教学不断优化成熟。

（二）全面提高教师教育质量

1. 制订明确的培训主题

对新时期教师的进修教育工作而言，根据其实际情况制订明确的学习目标显得尤为重要，尤其是针对教师在教学过程中所面临的现实困难以及不足，应由专家予以更多针对性的指导，帮助其在解决问题时能够有依可寻，实现更为明确、更为鲜明的教学效果。针对教师年龄、学科、年级设置不同主题的培训计划。例如，部分年龄较大的教师缺乏对现代化互联网信息多媒体技术的使用，针对该人群应开设"如何利用好现代化技术教学"的专题培训。针对授课科目不同的教师，应该开设相关学科的主题培训，在展开培训工作的过程中要有目的性，满足教师的实际发展需求。对于不同年级、不同层次的教师，根据新课程改革的标准，采用分年级、分层次的方式开展培训。

在具体培训工作开展前，我校深入一线课堂进行充分了解，采集不同教师的特点和所面临的实际问题，并将其进行汇总统一分析，再进行专门的教学策略的制订，保证教师教育具备相应的成效。在培训过程中需要坚持"以人为本"原则，促成不同教师之间的交流合作，严格遵循社会主义发展观，坚持政治方向不动摇；将学校教师应承担的责任和义务，以及教师教育发展需求进行良好的呈现，注重提升教师的素质和能力。

2. 设置多维的培训内容

根据新课程改革标准，针对不同的教师群体设置不同维度的培训内容，提升教师综合能力，持续完善地做好教师教育理论的学习。在新时期做到与时俱进地发展学习内容非常有必要。学校需要开展专门的课题建设，通过教师教育的报告、契合新时期的学习理论和教师培训等多方面内容的学习，让教师充分明确作为中国教育工作者的意义与价值，教师在开展教育教学过程中，其教育教学素养直接影响到教师的整体教学水平。现阶段很多教师教育教学素养欠缺，主要表现为学科知识结构不完善，尤其是学科的一些专业理论基础知识掌握不够扎实，影响到其在课堂上的教学质量。开展多维的培训，有利于满足不同教师的需求。教师课程培训坚持一切从实际出发，突出培训的针对性和实效性，开展"专题研讨式"培训、"行动研究式"培训、"案例分析式"培训、"听课指导式"培训。进行现代化教育技术学习，实施教育技术能力培训，让教师学会制作课件进行电子备课，还会使用电子白板，平板电脑教学，并实现资源共享。抓好教师一般基本功培训和展示活动，使每一名教师都掌握扎实的教学基本功。通过开展基本功素质大赛，激发教师大练基本功的热情，提高教师"三笔字""简笔画"及"普通话"的水平。

3. 确立具体的实施方案

教育部于2011年10月发布实施了《教师教育课程标准（试行）》，对教师教育课程的目标及课程设置等进行了全面规定，指导教师教育机构课程方案的制订。所有教师，不分学校层次、专业、就职区域，都需要自身专业发展。学校应出台具体的培训方案，方案越细，越有利于课程实施。我校采用不同层次的培训，对层次不同的教师，从时间安排、内容安排、组织安排、培训周期等方面考虑教师培训方案，制作专门的培训手册。在规划内容上，既考虑教师教育本身的知识领域，也注重教师教育教学能力的提升，更强调教师专业发展活动的参与。起草教师教育课程实施方案，包括课程科目综述、结构、目标、评价标准等。对全体教师、青年教师和骨干教师采用不同的培训内容。根据本校情况，针对不同的教师群体，设置以下培训内容，如表3-1所示：

表3-1 教师培训内容

培训对象	培训内容
全体教师	强化理论学习，更新教育观念；开展师德师风教育，不断规范教师的师德行为，强化"教书育人，为人师表"的责任意识和使命感；开展教师心理健康教育，不断完善教师人格，培养教师积极向上的人生态度。
青年教师	以提高教师教学基本功为目的，以校本培训、传帮结对为主要形式，以上课、说课、评课为主要内容，促进青年教师快速成长，增强学校可持续发展力。
骨干教师	提高组织教学、驾驭课堂的能力；鼓励教师教学方法、模式的创新；提高教师有效教育教学问题解决能力，系统掌握现代教育技术；熟悉本学科发展前沿和动态，提高业务素质和教学水平，形成骨干教师个人风格。

（三）创新教师培养模式

1. **开展学习革命**

开展学习革命，把提升学科专业知识、教学技能和科研能力作为主要任务和目标。教师进行自我反思，加强教材、教法的学习，增强科研意识，将具体理论知识转化为教学实践中实实在在的教学能力，转化为做课题和项目的能力，在教学和科研过程中迅速成长。

进行学习比赛。通过举办各类优秀教案展示和教学技能大赛等活动，提升教师的创新能力和教育实践能力，激发教师提升教育创新能力的热情，同时使教师具备作为新时代教师的各项基本技能。

完善系列配套制度，加强对教师教育的顶层设计。通过创新教师培养模式，使教师能够用启发式、探究式、讨论式、参与式教学；帮助教师学会学习，撰写学习心得，在不断反思中改进。

充实教师培训经费，为教育信息化环境下教师综合素养的培训提供支撑和保障。开展活动培训，鼓励教师提升自我，激发学习兴趣，形成良好的学习氛围，对学习成效突出的教师予以奖励。

2. **创造发展平台**

我校深入了解本校教师的教学、科研现状，有针对性地设计适合本校教师的培训形式，提供丰富多样的环境，创造教师发展的平台。

成立名师工作室。教学名师"学为人师，行为世范"，充分挖掘、利用其教育理念、智力、知识资源、技能资源，发挥其在学科建设、专业建设、课程建设以及人才培养、师资队伍建设和社会服务等方面的示范、引领和辐射作用。这对于推进教育教学改革创新、加强教风与学风建设、提高教学团队建设水平、打造学校品牌优势等都具有十分重要的意义。

引入信息化教育设备，供教师学习和使用。在培训中借助信息技术的支撑丰富培训形式，改变传统大课堂培训枯燥的局面，提高教师参与培训的积极性；同时，信息化的培训形式能为教师创造良好的学习环境，使其在潜移默化中接受信息化教学的发展。依托网络平台分享各类知识和资源，建立教师学习系统，教师登录网站便可进行学习，提高教师随时随地学习的便利性。

成立教师教育联盟，将教师职前职后的教育与培训融为一体，为实现教师的终身教育搭建平台。通过"国培计划""省培计划"和"中小学骨干教师研修计划"等项目，定期为教师培训，促进在职教师的专业发展。为提高骨干教师学历层次，与政府、高校和兄弟学校开展交流活动，协同培养教师。通过教育联盟，实现教师职前培养、职后培训、教学研究、社会服务的"一体化"，为教师的终身教育提供平台。

3. **注重实践实践再实践**

培训教师时，强调实践，让教师把理论运用到实践中，加深印象，知行合一。将理论知识和实践操作两者相辅相成，理论知识和实践一体化，有利于增强教师的感性认识，拓宽教师将所学理论知识与实际相结合的学习途径，使教师在学习中具有能动性。在平常教学中，可从备课、上课、批改作业、课外辅导、对学生成绩进行评定等环节来开展教学实践，深入课堂发现问题，接着分析问题与解决问题，以扩大认知面，而后再一起讨论加以解决，从而更好地进行教育实践。

以赛促教，通过举行教职工比赛，激发教师学习的兴趣。注重培养教师创新、团队协作和临场应变能力，增强动手能力，从而提升教学的实用性和针对性，提升综合素质。

组建"双师型"教学团队，实行项目驱动任务，健全指导教师奖励制度。一方面，引进高校教师来优化教师结构，进行课题研究，对教师的实践操作进行全方位指导；另一方面，安排教师去其他学校锻炼，以此来提升师资队伍综合水平。组建时要充分发挥"传帮带"的作用，尽可能将年轻教师与资深教师组合在一起，使得创新精神与丰富经验相互弥补、相互碰撞；同时还要注重与绩效考评相结合，激发教师学习的自主性、积极性和创新性，调动教师教学激情与教学改革的积极性。

第四章 弘毅教育的学生教育

对于学校教育来说，学生教育是必备环节。那么，学生教育应该如何开展呢？这就涉及人们对学生教育的理解，也涉及教育观。弘毅教育的学生教育，是指学校在培养学生的过程中贯彻弘毅理念，进而实现学生德、智、体、美、劳全面发展的目标的教育。林文明将弘毅教育作为办学理念，注重学生健康成长，将学生教育的研究引向新方向。本章将从三个方面分析弘毅教育的学生教育，分别是弘毅学生教育的过程、弘毅学生教育的目标以及弘毅学生教育的原则。选择这三个方面是因为：弘毅学生教育的过程反映了学生教育的方法策略，弘毅学生教育的目标分析致力于回答培养人才导向和目标问题，而弘毅学生教育的原则部分则是在教育学生过程中应当遵循的规则。

第一节 弘毅学生教育的过程

弘毅学生教育的过程是指教育活动所经历的或长或短的进程。在学校教育过程中，教师能够引导学生接受与其知识能力水平相适应的教育影响，享用学校教育资源，参与教育教学活动。弘毅教育倡导教师在教育目标、内容和方法上进行调整，引导学生形成正确的世界观、人生观、价值观，帮助学生对自己做出科学定位，培养出满足时代需求的合格建设者和接班人。

一、弘毅学生教育过程的价值取向

（一）唤醒学生内在动力

弘毅学生教育，应用教育心理学、教育激励学和教育管理学理论，唤起人性的觉醒与情感回归。人文关怀与情感交流的缺失会导致学生缺少情感的归属和道德的遵从。弘毅学生教育用爱滋润学生的心灵。教师静心倾听学生的心声，了解和尊重学生的选择，引导学生走上正确的方向。在学校，教师需要与学生建立一座"爱"的桥梁。因为爱，所以信任；因为信任，所以跟从。生命的精彩之处在于，每个人都可以用自己的方式度过这一生。教师要做的就是鼓励学生积极寻找自己想要的、适合自己的生活方式。当学生找到这种适合自己的生活方式时，就会发现生命是生动的、充满了活力和激情，而这种激情与活力会产生最大的内动力，这也是弘毅教育的价值取向。

（二）启迪学生认识自我

教师通过一定的途径，促使学生正确地了解自身的长处与短处，并且能在日常学习与生活中扬长避短。启迪学生认识自我具有以下三个途径：一是启迪学生认识现实中的"我"。可以通过一些比较，让学生对现实中的自己有一个准确的认识，认识自己的特点，发现自己独一无二的地方。二是启迪学生认识他人心目中的"我"。学生最初都是通过他人的评价来认识自己的，因此他人的评价对于学生来说具有很强的暗示作用。教师可以把自己看到的、听到的别人对学生的评价和印象，包括正面的和负面的，在不伤害学生自尊心的前提下，巧妙地告诉学生，让学生知道他人对自己的真实看法。当然，教师可以发挥自己的权威作用，给予学生正确而积极的评价，让学生正确地认识自己。三是教会学生正确地评价自己，教导学生正确地定位自己的优点和缺点，对自己的优点和长处有所认识，让学生能虚心地、批判地接受别人的评价。受到表扬时不骄傲，遇到批评时不自卑，从而客观地认识自我，并且努力改正自己的缺点和错误。只有这样，学生才能客观准确地认识自己，扬长避短，从而更好地发挥自己的才能。

（三）激发学生自我更新

学生的主要任务是学习。培养学生自我更新的前提是让学生明白自己的任务，学会自主学习。如何教会学生学习是每个教育工作者需要一直探讨的问题，即自主学习的问题。学生的自主学习是需要学生主动地、积极地、有主见地学习，它不是放任自流，更不是"随心所欲"的自由散漫的学习。自主学习更好地促进学生自我更新，学生在课堂认真听讲、积极思考，平时按时独立完成作业，养成自我检查的习惯，多看课外书，留心观察身边事，这都是提高自我知识结构更新能力的表现。要衡量学生是否具备自主学习意识，还需从学生学习的内因来衡量：一是学习要有积极性和主动性。学习的积极性和主动性是自主学习的动力，是把学习变成一种自我需要的重要体现。二是学习要有计划。计划性是自主学习的保证，一个学生只有养成有计划的学习习惯，才能使自己的学习变为主动学习。

（四）提升学生综合素质

提升学生综合素质，指的是促进学生的全面发展。在教育活动中，教师按照对学生"思想引导，学业辅导，生活指导，心理疏导"的总体要求，把学生综合素质评价融入日常教育教学活动之中，利用学生的写实记录及相关评价材料，对学生的成长过程进行科学分析和规划，有计划、有步骤地对学生进行全方位的指导教育。

第一，思想引导主要是教育学生遵纪守法，指导学生树立人生理想，培养正确的世界观、人生观和价值观，增强学生自立、自律意识，帮助学生形成良好思想品德和健全人格。第二，学业辅导主要是指导学生端正学习态度，激发学习动力，传授学习方法，培养学习能力，帮助学生顺利完成学习任务。第三，生活指导主要是关心学生日常生活，帮助学生适应住校生活，明确生活目标，端正生活态度，学会与人交往，养成良好的生活习惯。第四，心理疏导主要是关心学生的身心健康，及时帮助学生克服和消除心理障碍，培养他们自尊、自爱、自信和乐观豁达、积极向上的健康心理。

提升学生综合素质，需落实学生综合素质评价制度。学生综合素质评价制度在学校教育评价中处于核心地位，充分反映学生素质发展全过程，对学生的全面发展、个性发展意义重大。加强管理机制的监督调控，离不开评价制度的保驾护航。只有科学有序地运用管理机制和评价制度，充分发挥其监督管理职能，才能确保综合素质评价工作科学、规范、可操作。

二、弘毅学生教育过程的主要特征

（一）渗透弘毅教育、健康成长的办学理念

学校在发展弘毅教育、学科特色的同时，兼顾学生德智体美劳全面发展的任务，创造条件，促进学生健康成长成才。《国家中长期教育改革和发展规划纲要（2010—2020年）》作出"优先发展教育，建设人力资源强国"的战略部署，要求"把育人为本作为教育工作的根本要求"。人力资源是我国经济社会发展的第一资源，教育是开发人力资源的主要途径。我校以学生为主体，以教师为主导，充分发挥学生的主动性，把促进学生成长成才作为学校一切

工作的出发点和落脚点；关心每个学生，促进每个学生主动地、生动活泼地发展；尊重教育规律和学生身心发展规律，为每个学生提供适合的教育，促进学生健康成长。

（二）注重学生直接经验和间接经验相结合

直接经验与间接经验相统一，反映的是教学中传统系统的科学文化知识与丰富学生感性认识的关系，直接经验是学生通过亲自探索实践获得的经验，间接经验是指他人的认识成果，主要是人类在长期认识过程中积累并整理而成的书本知识，此外还包括以各种现代技术形式承担的知识与技术。在教学过程中，教师注重学生直接经验和间接经验相结合。学生对客观世界的认识主要是在教师引导下，以接受间接经验来实现的。要把间接经验转化为学生自己的知识，必须要有一定的直接经验作基础。教学中要重视直接经验的作用，把直接经验和间接经验有机地结合起来。对杜威经验理论的理解与应用应从整体视角出发，关注思维在学生发展过程中的促进作用，做到直接经验和间接经验的融合接洽。在深化基础教育课程改革的背景下，从动态发展视角阐释杜威经验理论有助于打破传统经验观在大众头脑中根深蒂固的理解，为课程与教学带来新的启示和前进力量。

（三）立足学生当下学习任务和终身发展

课程改革的最大价值在于它关注人的价值，强调以人为本。我校专注于学生的学习任务，立足学生的全面发展和终身发展，把学生看作是一个发展的、能动的个体，尊重他们独立的人格与个性，这对学生健全人格的塑造以及未来社会的发展都具有促进作用。

著名教育家陶行知先生说："播种行为，就收获习惯；播种习惯，就收获性格；播种性格，就收获命运。"这一育人哲理道出了培养学生良好行为习惯的重要性。良好的行为习惯是促进一个人健康成长的重要条件，是健全人格形成的基础。① 学生良好的行为习惯需要教师的引导。教师只有引导学生完成学习任务，树立终身学习的观念，学生才能具备适应终身发展和社会发展需要的正确价值观、必备品格和关键能力。首先，教师要更新人才培养观念，树立全体学生成长成才的观念。其次，教师要尊重学生个人选择，鼓励个性发展，树立多样化人才观念。此外，教师应引导学生树立终身学习的认识，为持续发展奠定基础。当今社会中，每个人生存都离不开终身教育，教育应成为一个人一生中持续不断的学习过程。

（四）重视学生弘毅知情意行相统一

弘毅教育，重视学生知情意行相统一，在思想上沉淀"知"，在心理上催生"情"，在品质上滋养"意"，在学习上践履"行"。在思想方面，注重培养学生对道德知识和道德规范的意识，让学生树立积极的观念。中学生社会阅历浅，知识面窄。教师要让学生懂得立身做人的基本道理，树立正确的人生追求。教知识须深入浅出，形象有趣；就事论理，以理晓事。在心理方面，关注学生情感。提高学生自我认识，多组织学生参加实践活动，坚持以情感人、以情育人，情感是沟通彼此的桥梁，是开启教育对象内心世界的阀门。在品质方面，培养学生"宽宏坚毅"的意志。意志是成才的重要保证，因而也是成才的一个必要条件。贝多芬说："卓越的人的一大优点是，在不利与艰难的遭遇里百折不挠。"一个人具有坚强的意志，做事情就不会半途而废，而是自觉地选择适当的方法来克服困难，直到实现目标。艰难困苦，玉汝于成。学习的道路上难免存在困难。为了帮助学生培养坚定的意志力，我校加强艰苦奋斗精神教育，以培养身心健康、吃苦耐劳、适应性强、积极乐观的学生。在学习方面，关注学生言行，注重开放式、主体参与式课堂教育。教师在提高认识的基础上，对学生进行行为训练，并争取家庭、社会的支持，使教育形成合力，以拓宽学生的知识结构，使之趋向于合理和完善。

---

① 王文慧. 基于核心素养的班级管理模式研究［J］. 成才之路，2021（12）：22—23.

三、弘毅学生教育过程的方法策略

（一）开展弘毅课堂，渗透弘毅精神

有精神内涵的课程才会充满生机。开展弘毅课堂，在课堂中，我校以学生为主体，注重学生生活实践的体验，寓教于乐，寓教于趣，通过多种多样的活动形式将弘毅精神渗透到学习和生活当中。课程既有针对性，又有实效性，基于生活，致力于打造灵动、精致、润物无声的弘毅课堂，将弘毅学习理念渗透到学习和生活当中去，促进学生树立远大理想，培养学生优良品质。

我校对教师提出三点要求：第一，教师须以身作则，培养弘毅品行，提高自身人文素养；第二，教师要与学生进行平等对话，在互动交流中用弘毅促进学生人文思想成长；第三，教师要不断更新课堂教学设计，优化组合教学方法，以培养学生独立思考和合作探究能力。

（二）创设弘毅情境，增强弘毅意识

情境形成学习的氛围，有效地创设教学情境，可让学生快速掌握知识。首先，教师应顺应时代发展的需要，通过运用多媒体辅助教学以达到更高的教学目标。多媒体技术具有动态模拟、超级链接、图文并茂、录像剪辑等等的优势，可以把复杂的知识以简单的形式展现出来，有利于学生理解知识。其次，在教学中教师要充分利用好学生的心理并为他们创造一个可以"动起来"学习的情境，运用活动创设情境，培植素养。在实践中，最重要的是让学生感受到有趣，这样对知识才能有更好的理解，才能认真地对待学习。如果对于一个事情的印象比较深刻，往往能结合这件事情发生的相关事情，进行一个比较深刻的联想记忆。再次，学习的本身来源于生活并同时应用于生活。学生学习课本上知识的目的就是为了应用于生活中，注重时代性，才能构建开放、多样、有序的弘毅课堂，增强学生弘毅意识。

（三）以读促思，践行弘毅常规读书任务

书写弘毅校本教材，鼓励学生读书，提高学生人文素养。随着新课程改革的不断推进，对教师教学提出了更新更高的要求，要求教师加强对培养学生综合技能的重视。践行弘毅常规读书任务，既要提升学生的阅读素养和理解能力，也要提升学生的思考能力。

有研究者指出："考察阅读与思想的互动，阅读活动与思维观念的形成，阅读对人生观和事功实践的影响等，比孤立静态地分析一个人的言论文本，更能拓展思想文化史的研究空间和视野。"[①] 教师应该充分认识到学生的内心需求和知识掌握，多让学生独立思考，通过在日常生活中对学生的了解和观察，掌握学生的心理特点和性格特征，这样能有效拉近师生之间的距离，对进一步开展教学有着十分重要的作用，对学生提高自己的文化素养也意义深远。

（四）活动引领，点燃学生弘毅学习热情

活动是人类生存的基本方式，也是教育发生的基本形态，把活动渗透到各项日常管理中，把活动渗透到班集体文化建设中，为学生营造浓郁的育人文化氛围是在学生教育和管理上摸索的一条成长之路，"在活动中育人，在快乐中成长"，学生在校园精彩活动中体验着成长带来的快乐，积极乐观的品格由此悄然形成。

"活动引领、点燃学生弘毅学习热情"育人理念的提出，主要来源于学校办学理念和办学目标的指引，以及德育活动内含的育人功能。首先，德育活动理念源自于"士不可以不弘毅，任重而道远。仁以为己任，不亦重乎"儒家文化，扎根于"弘毅教育　彰显特色　健康成长"的办学理念和"践行弘毅教育，特色发展，打造湛江市品牌名校，为学生终身发展奠基"这一培育目标。其次，就学生的成长来看，正值青春发育期和情感叛逆期的中学生，他们的成长离不开学校的教育和引导，但真正的动力应该源于学生自身的内

---

① 汪朝光，王奇生，金以林. 天下得失：蒋介石的人生［M］. 太原：山西人民出版社，2012.

在需求。正如苏霍姆林斯基所说："只有能够激发学生去进行自我教育的教育，才是真正的教育。"任何人如果不能教育自己，也就不能教育别人。最后，从德育的方式方法来看，如果将德育知识硬生生地灌输给学生，犹如"空口吃盐，难以下咽"。因此，理想的做法是将培养目标渗透在德育活动之中，实践之，浸润之，熏陶之。正所谓：教书育人，在细微处；学生成长，在活动中。

（五）榜样引领，激发学生弘毅成就动机

校园榜样文化是指在长期的教育活动中，将各类先进典型所蕴含的真、善、美的品质，作为一种社会价值目标而进行发掘、培育、宣传、弘扬，由此所形成的一种校园文化样态。我校为培养学生，在榜样引领方面采取了以下措施：

教师起榜样作用。教师带头在道德观念、理想追求、工作作风、生活态度、学习方法等方面起表率作用，以最形象、最直接的表现为学生树立一个令人信服和钦佩的榜样。这种潜移默化的影响是"无声胜有声"的，是任何教科书和奖惩手段都无法代替的。教师只有严于律己，做学生的楷模，才能有资格教育和规范学生的言行，才能发挥榜样示范的作用。身教重于言教，要求学生做到的，自己先要做到。在教学实践中，我深深地体会到：为师者必须时时、处处、事事严格要求自己，塑造良好形象，做好榜样引领，守望学生成长。[①]

学生起榜样作用。每学期期末开展思想品德考核工作，评选文明班级和先进个人。充分运用榜样的力量，使情感转化为信念。结合学生现状，我校每周组织一次以"榜样引领，展学生风采"为主题的班会活动。努力以"榜样的力量"为推进器，推动学生茁壮成长！

营造浓厚的榜样文化氛围，推动榜样引领常态化。一是加强榜样物态环境的建设和营造，通过增加榜样文化人文设施，如将"榜样人物"姓名、形象、符号等特征物化在相应的物质载体上，使之具有榜样文化的属性与功能，

---

① 黄宝红. 榜样引领 守望成长 [J]. 新课程，2020（35）：238.

成为榜样文化物态环境中的一种新型呈现方式。在感官上增强师生对于榜样文化环境的主观把握,达到以物触情、以物动情、以物移情、以物生情的效果。二是通过营造榜样文化精神环境、培育"学习榜样"的价值信仰、掌控与引导榜样文化网络环境等举措促进校园榜样精神文化、榜样制度文化建设。

(六)杰出校友,弘毅的成功路

学校教育不仅要传授知识和技能,更要培养学生拥有良好的政治素质、道德品质和健全人格,引导他们树立正确的世界观、人生观、价值观。[①] 杰出校友对在校生思想品德的培养有重要意义。杰出校友的事迹在我校弘毅学生教育方面起到生动的示范效应,一代又一代校友们以亲身经历和感人事迹讲授"为学""为人""做事"之道,对学生极具感染力和影响力。校友参与学校思想政治教育工作具有自身的优势。校友,本身就是学校的形象资源,代表着学校的品牌形象;特别是在学习和工作中表现突出的校友,更是学生心目中的一面旗帜。校友们的成就及崇高品格,对在校生具有很强的导向力。在实际中,校友的典型示范教育作用在理论与实践中,校友们对曾经培养他们的母校及母校师生们都怀有深厚的感情,这种爱校情结形成了一条感情的纽带,把在校生与校友们紧紧地联系在一起。因此,弘毅学生教育的效果,校友是一支不可忽视的重要力量。

校友对在校生的学习生活和升学有很大帮助。校友比其他人更了解母校人才培养模式和办学特色,可以为学弟学妹们提供更合适的建议。邀请校友回校讲座、担任学习导师,积极引导校友在学校设立帮助在校生完成学业、成长成才的各类奖助学金,这为营造优良学风、帮助困难学生完成学业做出了贡献,也直接给我校学子的学习生活带来了实惠。

(七)为国弘毅,乃弘毅之最高境界

学校的根本任务是培养人才,以适应国民经济和社会发展需要为培养目标。为党育人,为国育才。为有效提升人才培养质量,我校加强师资队伍、

---

① 陈向明,胡红英. 坚持活动育人促进自主成长 [J]. 中国德育,2020(3):67—69.

教学设施、教学资源等教学基本条件建设，将实际工作任务引入课堂，实现课程设置与学生成长需求对接、课程内容与新课标对接、教学过程与成长过程对接。当代青少年是肩负着实现中华民族伟大复兴光荣使命的一代，学校教育在他们的成长过程中起着重要作用，肩负着培养有理想、有抱负的时代新人的责任。鼓励学生从一点一滴的小事做起，严于律己，以德待人，让梦想的种子在心中生根发芽。学生在明确目标时，发愤图强，不畏艰难，将个人理想和国家理想结合起来，为实现中华民族伟大复兴的中国梦而奋斗，此乃弘毅之最高境界。

第二节　弘毅学生教育的目标

教育目标是指对学生实施相应的教育后，所希望学生达到的预期变化结果。教育目标对学校的教育教学工作起着重要的导向作用，落实教育目标是提升学校育人效果的有效途径。弘毅学生教育目标既关注学生学习的过程，又关注学生学习结果，凸显了学生是目标的行为主体。本节将详细介绍弘毅学生教育目标，以期对我校弘毅学生教育有一个较为明确的认识和了解。

一、弘毅学生教育目标的基本内容

从我校弘毅教育战略规划来看，弘毅学生教育目标具有如下几个方面内容。

（一）塑造学生积极向上的价值观念

中学阶段是学生世界观、人生观、价值观形成的重要时期。[1] 学生的价值

---

[1] 李文和. 着眼立德树人，构建"三全"格局［J］. 天津教育，2021（10）：30—31.

观容易受到各个方面的影响，我校以塑造学生积极向上的价值观为教育目标，旨在引导学生树立正确的价值观，形成良好的心理素质和行为修养。以期在人生的各种事物面前，学生能够形成自己独立的判断，以一种积极健康的心态对待生活，进而热爱学习、热爱生活并勇敢面对生活。学校弘毅教育在国家大力推行立德树人的背景下，在学生的日常教育中积极渗透弘毅精神、融入社会主义核心价值观，旨在最大程度上帮助学生培育积极向上的价值观，将学生培养成符合社会主流价值观的高素质人才。

（二）促进学生全面发展和个性发展

以学生为本，是学校一直以来的育人宗旨。学校深知为学生的终身发展和成功服务是回归教育本源的需要。为此，我校十分重视学生的发展问题，始终把学生的发展放在教育工作的首位。自弘毅教育开展以来，学校进一步明确了学生的发展方向，即以促进学生全面发展和个性发展作为弘毅学生教育的重要目标。一方面，学校着眼于培养学生德智体美劳各方面的素质和能力，以提升学生的综合素质能力，促进学生的全面发展。另一方面，学校关注到学生是独立的个体，不同的学生会有不同的发展需求；针对学生需求的不同，我校充分尊重学生之间的差异，鼓励学生在全面发展的同时，看到自己的特长，发展自己的个性。

（三）增强学生弘毅实践意识和能力

教育不能只是喊喊口号，只有把教育贯彻到实践中去，才能发挥出教育真正的效果，弘毅教育即是如此。学校的弘毅教育不能停留在学生认知层面，更需要将弘毅教育落实到学生的行动中去。学生的意识指导着学生的行动，因此，弘毅学生教育需要学生具备一定的弘毅实践意识和能力。基于此，我校以增强学生弘毅实践意识和能力作为弘毅学生教育的目标，旨在帮助学生理解弘毅教育不是一蹴而就的，而是需要经过一系列耐心细致的重复教育、认真踏实的不懈实践，以此促进学生增强弘毅实践的意识，提升自我弘毅实践能力，以更好地参与到学校的弘毅实践活动中去。此外，增强学生弘毅实践意识和能力，体现出我校"实践取向"的学生培养理念，有利于磨炼学生坚强的意志，激励学生积极应对人生中的各种困难和挑战。

（四）培育学生奋发有为的弘毅精神

培育学生奋发有为的弘毅精神，是我校弘毅学生教育目标的重要内容之一。弘毅精神是我校经由历史积淀下来的一笔宝贵财富，蕴含着对学生志存高远、弘毅有为的美好寄愿。把培育学生奋发有为的弘毅精神作为教育目标，有利于解决当下学生成长面临的普遍问题，例如学生不知为何而学习、缺乏生活的独立性和自主性、缺乏追求理想的坚定性和持久性、缺乏面对挫折的准备性和坚韧性等。为培育学生奋发有为的弘毅精神，我们要求学生加强思想修炼，积极践行弘毅教育，把弘毅精神转化为奋发前进的力量，从而促进学生发现自我、超越自我、成功自我。此外，把培育学生弘毅精神作为教育目标，也有助于激励学生树立人生志向，磨炼坚强意志，发奋追求人生理想。

二、弘毅学生教育目标的内涵意蕴

弘毅学生教育目标具有深刻的内涵意蕴，主要包括以下四个方面。

（一）聚焦学生成长：激励学生勇于面对困难挫折

席酉民认为，"教育目标必须从知识传授为中心转向以学生成长为中心，并且教育的核心任务是帮助学生拥有能够立足未来社会且健康发展的心智。"[1]弘毅学生教育摒弃传统的以知识为中心的教育目标，转向于聚焦学生的成长。聚焦学生的成长意味着要让弘毅教育充满关注学生生命成长的气息，旨在关注学生成长过程中普遍存在的问题以及学生的成长需求、心理健康等，帮助学生解决生命成长中的问题和满足学生的成长需要。具体表现为通过实施弘毅教育，磨炼学生的意志，锻炼学生的品性，使学生形成良好的心理素质，激励学生勇敢面对生活中的困难挫折。

---

[1] 席酉民. 未来教育的核心：心智营造[J]. 高等教育研究，2020（04）：9—13.

（二）追求学生发展：鼓励学生认识自我发展个性

弘毅学生教育目标指向学生的终身发展，而当今社会对人才的培养理念也主要着眼于学生的发展。哈耶克也提出："人性有着无限的多样性——个人的能力和潜力存在着广泛的差异——乃是人类最具独特性的事实之一。"[①] 这要求教育工作者既要关注学生的全面发展，又要考虑到学生之间的差异，为学生创造个性发展的机会，鼓励学生充分认识自我，挖掘自身潜能。弘毅学生教育目标旨在追求学生的全面发展和个性发展的有机统一，在促进学生全面发展的同时，积极为学生搭建个性化发展平台，帮助学生进行清晰的自我认识，鼓励学生把个性特长的培养和弘毅教育结合起来，促进自身充分发展。

（三）重视学生实践：鼓励学生努力践行弘毅精神

《中国教育现代化2035》明确指出"要强化学生动手实践能力、合作能力、创新能力的培养"。弘毅学生教育目标重视学生实践能力的培养，贯彻落实了该文件的要求。更具体地来说，弘毅学生教育以增强学生弘毅实践意识和能力作为教育目标，旨在促进学生用弘毅意识来指导弘毅实践。在此过程中，培养学生的动手能力和创新精神，这反映出我校重视学生实践的内涵意蕴。一直以来，学校都对学生的弘毅实践予以充分的关注，我校鼓励学生在日常学习和生活中努力践行弘毅精神，促进学生将弘毅精神内化于心。

（四）凝聚学生力量：树立学校弘毅进取校园风气

凝聚学生力量是弘毅学生教育目标重要的价值内涵之一。我校弘毅教育目标面向全体学生，不放弃任何一个学生；开展深刻持久的弘毅教育，旨在为学生播撒成功的种子，让弘毅精神在学生内心扎根、开花、结果。由此促进学生弘毅学习风气的形成，培育学生弘毅进取的品质，进而树立学校弘毅进取的校园风气，营造良好的育人氛围。弘毅进取的校园风气一直是学校弘

[①] 哈耶克. 自由秩序原理［M］. 邓正来，译. 北京：生活·读书·新知三联书店，1997：103.

毅学生教育目标的内在追求，学生认同弘毅校园文化、积极践行弘毅精神是学校弘毅校园风气形成的基础。以弘毅教育活动为载体，落实弘毅学生教育目标，对凝聚学生力量、树立学校弘毅进取的校园风气起着重要作用。

三、弘毅学生教育目标的实现路径

当前，弘毅学生教育目标的实现路径，需要根据弘毅教育目标转变课堂教学模式、落实校园文化建设、开展积极的学习活动以及优化教育评价体系。

（一）根据弘毅教育目标转变课堂教学模式

新课程理念以人为本，倡导教师为主导、学生为主体，实施自主学习、探究学习的教学模式，培养学生自主、合作、探究精神，帮助学生学会学习，发展自我。但在实际课堂教学实践中，部分教师的教学观念还停留在传统教学的三旧"中心"层面上，即教师中心、书本中心以及课堂中心。[①] 这种传统的教学观念让教师成为课堂的主体，导致学生自主学习时间短，师生缺乏相应的互动，学生在课堂上得不到发展的机会，由此容易出现教学效果不理想的状态。

为改变这种现状，学校根据弘毅学生教育目标，及时更新育人理念，对传统的课堂教学模式进行改革，实施了"弘毅课堂"教学模式（又称"五环教学模式"、"20＋25"模式），即"（明确目标＋指导自学）5＋分组合作15＋展示提升20＋巩固拓展5"，这里的数字表示时间，明确目标和指导自学一共5分钟，教师讲授时间等于或小于20分钟，学生自主活动不少于25分钟。这种新的课堂教学模式改变了传统教学三旧中心的地位，取而代之的是"学生中心""能力（素养）中心"，这充分体现了课堂教学中心由"教"转向"学"，教师回归引导者、促进者的角色，在课堂上激发学生的学习兴趣、引导学生形成自主学习能力和探究学习能力、培养学生的弘毅意识，从而落实

---

① 杨旻旻，连进军. 新课程改革的超越、困境与坚守［J］. 当代教育科学，2016（13）：16－19.

弘毅学生教育的目标——培养学生具有终身的学习能力，促进学生全面发展。

（二）根据弘毅教育目标落实校园文化建设

校园文化建设是实现学校弘毅教育目标的最佳载体和平台。弘毅教育作为学校的重要组成部分，是学校内在的精神支柱，对学校教育起着深远的影响。弘毅学生教育目标的实现，不能脱离校园文化建设，而是应该利用好这个平台，将弘毅教育融入校园文化建设中去，发挥校园一草一木、一砖一瓦潜在的弘毅教育功能。

校园文化建设对于弘毅教育目标的实现至关重要。学校抓住这一点，在校园文化建设中，根据弘毅教育目标，将弘毅教育与校园硬件建设、软件建设紧密结合，以一种"渗透式"的方式，统筹规划学校一切可利用的资源，包括物质资源和精神养料。一方面，学校积极完善校园硬件设施，先后建设了弘毅园、体育园、弘毅长廊、弘毅墙等弘毅文化景观，努力做到"让每一面墙说话、让每一块石头说话"，让校园的每一个角落都富有教育意义，富有激励作用。另一方面，学校通过丰富多彩的校园文化活动，例如诵弘毅诗歌、唱弘毅歌曲、讲弘毅故事、观弘毅影视、"弘毅教室"评选、弘毅校园之星评比、弘毅社团等活动，增强学生对弘毅教育校园文化的认同感和归属感，进而达到提升学生弘毅意识和能力的教育目标。

（三）根据弘毅教育目标开展积极的学习活动

学习活动围绕相应的教学目标和教学内容而进行，教育目标对学习活动具有重要的引领作用。根据弘毅教育目标，对学生开展积极的学习活动是实现弘毅学生教育目标的有效途径。为此，我校对弘毅教育目标进行深入解读，在明确其目标内涵意蕴的基础上，大力开展学习活动，积极为学生的学习和发展创造机会。例如，在弘毅教育目标的引领下，我校制订弘毅教育常规工作细则，让学生每天读《弘毅》校本教材中的一个故事或者朗读弘毅名言，目的在于唤醒学生的弘毅意识，促进学生进行自省，改进自我不足之处，促进弘毅品质的形成。

此外，学校根据弘毅教育目标，还举办了弘毅教育大讲堂、弘毅阅读课、弘毅论坛、弘毅教育报告等一系列促进学生学习的活动。这些活动不仅极大地丰富了学生的校园生活，而且能够让学生充分认识"人生成功从弘毅开始"的道理，认识自身潜力，确定个人发展方向，做好个人成长规划，学会有计划、有目标地生活，最终促进弘毅学生教育目标的实现。

（四）根据弘毅教育目标优化教育评价体系

学校实施弘毅教育的初衷在于学生的终身成功和幸福。评价是一盏导航灯，也是一根指挥棒，建立富有方向引导作用和激励作用的评价体系，无论是对学生的全面发展，还是个性发展而言，都起着十分重要的作用。对学生进行全面评价，用发展的眼光看待学生，引导学生增强自我发展意识是落实弘毅学生教育目标的有效方法。

为实现弘毅教育目标，学校严格按照要求，对学生的教育评价体系进行了优化。在原有学生教育评价系统的基础上，学校先后制订并试行了《学生成功品质评价管理办法》、"学生成长档案袋"等弘毅学生教育评价方法。在评价体系中，学校注意评价角度、评价主体的多元化，重视学生的单项评价和综合评价、过程评价和终端评价、量化评价和定性评价、统一评价和个性化评价、集体评价和个人评价等多种评价的结合，积极构建全方位的弘毅学生教育评价系统。根据弘毅教育目标，有针对性地优化学生教育评价体系，不仅对学生的言行起着重要的激励和导向作用，而且有利于学生全面认识自我、评价自我、完善自我、提升自我，进而实现弘毅教育目标。

第三节　弘毅学生教育的原则

弘毅教育思想不仅为德育教育的改革提供了一定的理论基础，而且为德育教育的实施定好了原则。中小学应该重新审视德育的价值与功能,通过合理的实施方式,帮助中小学生收获人生成长所需要的关键品质与素质。立足于中小学生的发展现状与特征,遵循以人为本的理念,中小学德育的实施应从现代社会的发展与学生发展规律入手,建构起弘毅学生教育的思想路径,为中小学生提供良好的环境氛围,促进有助于学生终身发展品质的培养。

一、弘毅学生教育实施原则的背景

进入21世纪以来,我国中小学德育呈现出重视个体参与公共生活的趋势,在更加广泛的视域下重新审视中小学德育的实施,这对教育工作者关注德育实施的原则也提出了进一步的要求。

(一)中小学生心理现状分析

随着信息技术的发展,中小学生越来越多地接触互联网,学生的文化心理与价值思想也变得越来越丰富。在这种情况下,要把握学生主流价值取向的指引就显得十分重要。此外,随着年级的增高,学生对于环境的需求也有所变化。进入中学阶段后,学生正处于自我同一性发展的关键时期,他们不仅要面临环境、生理、心理等多方面改变的影响,还要承担来自学业、自我成长、人际关系等方面的压力,这个阶段个体更容易产生社会适应性问题,并导致他们在学业成绩、自我认识、社会支持和学校生活质量等方面均出现下降的情况[1],这需要教育工作者在学生不同发展阶段有目的性地塑造校园环境以促进学生健康成长。[2]

(二)中小学德育实施现状

当前,中小学阶段的德育目标相对宏大,缺乏具体的实现目标,多数情

---

[1] 李文道,钮丽丽,邹泓. 中学生压力生活事件、人格特点对压力应对的影响[J]. 心理发展与教育,2000(4):8—13.

[2] 张兴慧,薛小迪. 中小学生日常情绪体验的特点及与班级环境的关系[J]. 现代中小学教育,2018(12):72—77.

况下只将中国传统道德要求空洞地传授给学生，如"大公无私""只讲奉献，不求回报"的道德宣传，没有要求学生在满足自身生活需求的基础上讲究奉献，没有教会学生具体怎么做才是"大公无私"[1]，导致整体德育效果不够理想。此外，家校联系不足也是学校德育尚未符合社会发展需求的原因之一。家庭、学校与社会在德育教育上未能协调一致，在德育内容上与社会的发展现状相对脱离，无法形成有效的教育合力，不利于学生面向社会和实际生活，形成重视和主动接受德育教育的理念。

（三）落实学生发展核心素养的要求

随着《中国学生发展核心素养》的发布，中小学教育更加注重培养学生的核心品质，将促进学生的全面发展提到迫切的地位。课堂教学是核心素养落到实处的重要途径，两者相互支撑、互为补充、互相发展，教师应在课堂教学中检验、发展、深化核心素养，创生出关于核心素养的新观念、新理解、新想法。[2] 核心素养从本质上说是一种顶层设计，要落到实处，须以课程为载体，以课堂教学为主要形式，聚焦学生未来幸福生活，遵循学生身心发展规律。教育的关键在于人，人是充满活力、独具个性的个体。新时代要贯彻立德树人根本任务、进一步推进教育公平、提升教育质量、更好地实施素质教育，就要解决好为谁培养人、培养什么样的人、怎样培养人这三大问题。[3] 基于此，我们的弘毅学生教育原则设计需充分考虑培养学生全面发展、终身发展的素养与品质，为德育在课堂的实施提供一定的依据。

---

[1] 刘霞. 新课改背景下中小学德育教育的现状分析及对策研究[J]. 中国校外教育，2017（34）：87—88.

[2] 裴昌根，宋乃庆. 基于核心素养的优质高效课堂教学探析[J]. 课程·教材·教法，2016（11）：45—49.

[3] 汪菊. 基于学生发展核心素养的课堂教学路径探析[J]. 教育观察，2021（3）：100—102.

二、弘毅学生教育的实施原则

（一）立足实际情况开展

1. 联系中学生实际

中学生处于青少年阶段，面临着学业、自我成长、人际关系等方面的压力，思想尚未成熟但渴望独立的矛盾心理需要得到合理的引导。教师首先要明确教学目标和任务，做好学情分析与整体规划，针对每一堂课的教学目的设计教学内容，深入挖掘教材，积极搜集丰富的资源和实际案例充实课堂，对学生的思想和行为进行有效引导。大篇幅的理论知识无法引起学生的共鸣，只有贴近生活的实际案例，才能激发学生主动思考和探索的意识。此外，教师还可以根据学生的特点，转变课堂教学的手段，适当地安排学生参加实践活动[①]，以更好地促进弘毅学生教育的开展。

2. 结合中学办学特色

学校在发展德育弘毅教育、学科特色的同时，要兼顾学生德智体美劳全面发展的任务，创造条件，促进学生健康成长成才。在构建弘毅学生教育的过程中，学校可以结合自身发展实际与当地的文化特色，发挥学校的优势，更好地促进特色办学、优质办学；将文化特色融入弘毅学生教育内容当中，让学生对弘毅教育内容更有熟悉感和亲切感，从而更好地激发学生的学习兴趣与积极性。在理论与实践相结合的基础上实施特色办学、特色德育，有利于提高弘毅学生教育的可行性。

3. 遵循中学生发展规律

中学生的身心发展处于急剧变化阶段，具有自身发展的特点。在构建弘毅学生教育过程中，教师需要认识到的是，中学生的学习任务要求学生在学习方法上要更具有自觉性、独立性与主动性，学生的生活实践范围进一步扩

---

① 李伟. 中职德育课教学理论联系实际的探讨［J］. 安徽教育科研，2020（12）：18－19.

大，经验也更加丰富，成人感、责任心、参与意识日益增强。这些都需要学校、家庭和社会对学生的新变化与新特点提出更为合理的要求，需重视学生抽象思维、形式逻辑思维的训练。在实施弘毅学生经验的过程中要切实考虑学生的身心发展特点，并据此对学生独立分析问题和解决问题方面的能力提出进一步的要求。

4. 立足现代社会发展

随着新课程改革的深入推进，我国现代化教育理念也得到一定的创新与改进。新课标要求教育工作者在注重学生基础知识学习的同时，还要关注学生核心素养的培养。德育教育是现阶段我国推行素质教育的重要教学体现，同时也是培养学生核心素养的重要教育内容。通过开展有效的德育渗透教学实践，不仅可以有效提高学生的道德素质和人文修养，还有助于学生树立正确的人生价值观，建立基本的爱国主义情怀和社会主义核心价值观，明确自身的社会责任和义务，在德育教学的过程中实现思想的升华，促进自身的全面发展。[1] 为实现综合育人、素养育人，弘毅学生教育需以教育改革为指引，在实施中充分融入现代教育发展理念，从而更好地为学生的终身成长提供有效助力。

（二）凝聚教育合力推进

1. 加强家校合作推进

《国家中长期教育改革和发展规划纲要（2010—2020年）》明确指出："充分调动全社会关心支持教育的积极性，学校、家庭、社会密切配合，共同担负起培育下一代的责任，为青少年健康成长创造良好环境。"这强调了学校、家庭和社会形成教育合力的重要性。在构建弘毅学生教育过程中，家庭教育要紧跟学校德育教育进程，重视对孩子家庭美德的教育，为孩子的成长创建一个和谐的德育环境。学校应主动与家庭共同构建德育目标，提高家长的德育意识。同时，学校教育应紧跟时代发展，与社会各界力量相联系，三

---

[1] 孙树彪. 高等教育内涵式发展的"立德树人"研究［D］. 长春：吉林大学博士学位论文，2019.

方通过相互促进，相互配合，共同努力，为学生的德育教育创设厚实的外部环境，使学生处于浓厚的德育环境中[①]，从而更好地促进弘毅学生教育的实施。

2. 凝集社会教育合力

教育不仅是学校和家庭的事，社会教育对个体的生命发展具有重要意义和价值，它贯穿于人生命的整个历程以及人所赖以生存的社会之中。[②] 新课程改革与德育教育理念还需通过一定的社会教育实现。同时，我们需要认识到教育离不开生活，要把教育融入学生生活的场景当中，以孩子生活中的已有经验为基点进行教育。社会教育可以通过改善学生的学习环境、帮助学生适应学习生活需要等各方面的努力，营造弘毅教育氛围。通过与家庭、学校的沟通，互补各自不足，多方参与可丰富学校活动的内容，扩大学生的视野，促进全面发展，进而促进社会的和谐。[③] 社会教育的辅助将对德育教育产生积极的影响，为学生的终身学习体系建构提供有力的支撑。

3. 形成教育环节合力

教育环节的合理安排与建构，对德育的实施具有重要影响。不同的教育环节有各自的侧重点与预设目标，对学生核心素养的培养具有不同方面的作用。核心素养对学生社会参与素养、学生的责任担当与提高实践创新能力等方面都提出了相应的培养要求，这就需要学生在实践活动中得到一定的训练，在日常生活中学会分析与解决问题。据此，教育工作者要根据学校与学生的现实状况，充分把握现代教育发展的需要，科学安排教育环节的顺序，优化教育环节的结构，在各环节的衔接与内容的设计上精雕细琢，从而形成良好的教育环节合力，为学生的课堂学习提供良好的条件。

---

① 刘霞. 新课改背景下中小学德育教育的现状分析及对策研究［J］. 中国校外教育，2017（34）：87—88.

② 侯怀银. 社会教育研究［J］. 宁波大学学报（教育科学版），2020（5）：10—11.

③ 李百艳. 走向现代学校治理的对话机制建设研究——以公办初中 JS 中学为例［D］. 上海：华东师范大学博士学位论文，2019.

（三）发挥学生主体作用

尊重学生个体差异。弘毅学生教育的实施应始终围绕尊重学生主体地位的原则，充分尊重学生发展的个性化差异，在教学评估中聚焦于围绕每位学生"现在在哪儿""要去哪儿"和"如何更好地到达那里"这三大问题展开，为学生提供反馈并促进教学改进，使教育教学能真正促进学生的个性化学习进而支持学生的个性化发展。① 在教育过程中，教师也要坚持全面性原则，为不同层次的学生提供个性化学习的机会，努力帮助全体学生得到更好的发展，在体现学生学习主体的基础上培养学生的核心素养品质。

坚持教育的开放性。在弘毅学生教育的实施中，教师要以开放包容的心态展开教学，从而促进学生以主动、接纳的心态进行学习。在教学中，教师要坚持开放学习，可以借助数字技术以摆脱时空限制，使教学和学习更为便捷、透明和更具分享性。具体表现为三个方面：第一，通过开放学习设计、评价和反馈，使学习过程更为便捷和透明，促进学习者全面深入参与；第二，通过学习共同体建设促进学习者之间的合作与协作；第三，提供丰富的学习资源和高效的学习支持，引导学习者自主管理学习路径和学习过程，自主评价学习结果。② 在民主、宽容的教学氛围中，有助于学生充分发挥学习主动性与积极性，从而收获更多有益的体验。

三、弘毅学生教育的探索思路

（一）榜样引领，发挥导向作用

学生是榜样教育的主体，在选取榜样时，可以让学生根据自己的意愿选

---

① 曾文婕，周子仪. 推动高中育人方式改革的"学本评估"策略［J］. 中国教育学刊，2021（2）：63—68.

② 仇晓春，肖龙海. 教育开放性的审视与思考：西方历史演变视角［J］. 中国远程教育，2020（11）：39—46.

出榜样，再由教师组织各班级学生进行讨论与筛选。学生可以主动陈述自己选取榜样的依据，并参与制订榜样引领教育的细则与标准，使榜样示范法在德育过程中发挥作用。同时，教师必须正确认识德育过程中的榜样示范法，要充分考虑到学生的心理发展特点，强化对相关理论的学习，努力实现科学理论与实际德育过程相结合，做到与时俱进，只有这样才能真正激发榜样教育的无穷力量[①]，发挥弘毅学生教育榜样的导向作用，为促进全体学生的发展提供思路引领。

（二）自我更新，促进专业发展

在引导学生培养弘毅品质的同时，教师也要及时地自我更新，通过加强自身对弘毅教育理念的理解，将德育思想融入课堂教学当中，巧妙地传递给学生。教师要将德育教学反思与专业发展作为一种生活方式，渗透到教师日常专业行为的方方面面。自我更新包括思想意识和专业发展能力的更新，具备这两者的教师才能不断地促进自我专业成长，成为教师自我专业发展的内在主观动力。将自我专业发展意识付诸行动，可以帮助教师"理智地复现自己、筹划未来的自我、控制今日的行为"，让教师对自己的专业发展保持一种自觉的状态，有意识地调整自己的专业行为方式与活动安排，以至最终真正达到理想的专业发展。[②]

（三）形式转变，实现教育无痕

苏霍姆林斯基说过："最好的教育一定是润物细无声的。任何一种教育现象，孩子在其中越少感觉到教育者的意图，它的教育效果越大。"德育，应是一种"无痕"的教育，就像盐融化到汤里、雪融于水中一样，无声无息，不

[①] 韩叶. 榜样示范法：新时代高中德育教育的有效路径［J］. 四川职业技术学院学报, 2019（1）：91—97.

[②] 白益民. 教师的自我更新：背景、机制与建议［J］. 华东师范大学学报（教育科学版），2002（4）：28—38.

露痕迹。① 为实现教育无痕，教师可以通过教学方法、教学评价等方面的转变，从关注学生学习结果向同时关注过程与结果转变，从单一量化的教学评价向多角度过程性评价转变，从而让不同层次的学生都得到更多的正向评价，增强学生的学习动机与学习积极性，促使教育向实现整体公平迈进。

---

① 陈娟. 基于"无痕德育"背景下班级评价方式的探索与实践：以我校"无痕成长共同体"评价为例［A］. 广东教育学会 2019—2020 年度学术成果集［C］. 广东教育学会，2020：1167—1172.

第五章 弘毅教育的课堂改革

当前学校课堂教学在效果上不尽如人意，普遍存在课堂教学低效的现象，整体课堂教学现状未能符合提高学生核心素养的理念要求。针对这一现状，我校在进行弘毅教育理论构建与充分准备后，结合学校和学生实际，进行了总体的弘毅教育课堂改革规划。弘毅教育课堂改革不仅是改善知识传授的改革，也是加强思想教育和提高学生核心素养的改革。基于优秀传统文化与现代教育思想的弘毅教育课堂教学不仅有利于促进课程内容与结构的完善，对学生的品质、性格也能起到一定的正面引导作用。

第一节　弘毅教育课堂改革的特征

课堂教学改革是素质教育和提高学生核心素养的要求，随着教育改革的深入推进，现代教育无论从教育理念还是教育模式等方面都发生了变化，给各中小学的课堂改革提出了要求。我校在这些教育现代化发展机遇下积极探索弘毅教育课堂改革，主要从课堂主体、学习情境、学科素养等方面展开改革的规划设想，深入分析当前课堂教学中存在的问题，并积极寻求可行的改善方案。

一、弘毅教育课堂改革背景

（一）弘毅教育课堂改革的机遇与背景

1. 中国学生发展核心素养与普通高中课程标准发布实施

中国学生发展核心素养是对全面发展教育的具体化，是素质教育的深化，核心素养概念的提出意味着教育目标导向发生变化，更加强调培养学生高尚的道德情操、扎实的科学文化素养、健康的身心、良好的审美情趣，强调学生要具有中华文化底蕴、中国特色社会主义共同理想和国际视野，力求使立德树人的方向性、民族性和时代性更加鲜明。[1] 普通高中课程标准也提出要增强思想性，有机融入社会主义核心价值观的基本内容和要求，全面传承中华优秀传统文化，在课程内容选择和呈现方式上，要有机结合学生的年龄特点和认知规律与学科规律、教育教学规律，增强可操作性，充分发挥课程标准

---

[1] 胡定荣. 全面发展・综合素质・核心素养［J］. 新疆师范大学学报（汉文哲学社会科学版），2018（6）：61-78，2.

对教材编写、教学、考试、评价等育人环节的统领和指导作用。[①] 核心素养与课程标准要求的提出为弘毅教育课程改革提供了契机，弘毅教育课程改革充分考虑德育工作与课堂改革的关系，融合优秀传统文化与核心素养的思想内容，进一步明确和充实课程改革内容，从而为提高学校教育教学质量，继续推进特色办学提供更有力的支撑。

2. 教育创强、教育均衡区、推进教育现代化先进区等活动实施

2014 年以来，随着核心素养与课程标准的落实，地方政府、教育局为学校的发展提供了更多机会，弘毅教育课程改革规划在教育创强、教育均衡区等活动中受益，在借鉴和学习中逐渐摸索前进，找到适合学校发展的实施模式和方式。在区委、区政府的领导下，区教育局带领我校在教育创强、教育均衡区、推进教育现代化先进区等活动中，抓住机遇，乘风破浪，勇往直前，提炼学校办学思想，改造校园环境，推进内涵发展。经过努力，学校先后被评为广东省一级普通高中、广东省基础教育研究实验基地学校、广东省依法治校示范学校、广东省青少年足球学校，并获得"广东省五四红旗团委""广东省少先队红旗大队"等荣誉称号。全校职工振奋精神，同心同德，凝聚力量，不断提升教育教学教研水平，稳步提高教育教学质量，学校踏上了新的发展征程。

3. 创建名校品牌的趋势与重要性

当今社会对人才的素质要求越来越高，对学校办学与发展的要求也逐步提高，各中小学校须争取在先进的教育理念思想指导下办成强校名校，结合本校实际情况与需求，努力形成独特的办学风格，展现优秀的办学成果，走特色立校、特色强校之路。学校内涵式发展的前提与基础，是在社会转型的大背景下，思考学校的优势和差距，从中思考学校的发展点，打造学校教育品牌，提升办学品位的目标。[②] 创立教育品牌，基础是教育质量，关键是办学特色，教育质量取决于教育定位、教育理念、专业特色、师资队伍和管理水

[①] 教育部召开普通高中课程标准修订工作启动会［J］. 教学月刊（中学版），2014（12）：72.

[②] 王国宏. 凝心聚智谋发展为教育品牌谱新篇［J］. 教育，2015（32）：66.

平，创立教育品牌是每一所学校生存与发展的重要策略，社会的发展也要求中小学应及时转变和调整观念，顺应社会环境变化，确定自身的发展定位①，从而为学生提供更好的教育资源与教育环境，为国家培养优质人才、促进教育现代化发展奠定良好基础。

（二）弘毅教育课堂教学现状的分析

1. 教师专业水平不足

当前，中小学教师存在知识储备有限、非专业出身、教学上容易生搬硬套等现象。他们惯于做教材的"传声筒"和模式的"代言人"，无心研究教学，也无心探索课堂，一切遵循着"书上这样说"的理念，仅局限于把前人总结好的东西传授给学生，完成授业和解惑的责任，把自己停留在"教书匠"的层面。对于教学，他们多采用填鸭式和说教式的教学方式，课堂成为教师的"一言堂"，失去了应有的本真和生命气息。此外，唯分数论、唯成绩论的现象依然存在，教师和学生都成为了考试机器的牺牲品，忽视了对学生情感态度和价值观的培养。② 在建设教育现代化强国、培养当代学生核心素养的过程中，教师的专业水平在一定程度上还有待提升。

2. 课堂教学观念陈旧

在国家新的教育方针和导向提出后，有的教师的教学观念还没有彻底转变过来，在实际的课堂教学实践中沿袭老一套，甚至是"满堂灌"的教学方式。教师讲得多、学生自主学习少，师生之间的有效互动不足，逐渐造成教师厌教、学生厌学的现象，导致整体的课堂教学效果不理想。出现这种现象后，学校常常容易把原因单向地归咎于生源质量。教师认为因为生源差，所以学生听不懂、学不会，于是不愿耐心教导学生和改善自己的教学方式。长此以往，将对学生成长、教师专业提升以及学校发展产生消极影响。即使面对差生，教师也有责任让学生体会成功的喜悦，培养学习信心，帮助学生逐

---

① 许丛梅. 创建品牌在高职院校发展中的重要性［J］. 吉林工程技术师范学院学报，2007（4）：61—62.

② 李小松. 教师专业水平层次差异比较［J］. 新课程（中学），2016（11）：254.

渐学会学习、自主学习。教师转变陈旧和错误的教学观念，才是课堂改革应有的方向，也只有这样才能使学生、教师、学校都得到应有的提升和发展。

3. 课堂教学效率不高

目前，大部分教师在选取教学策略以及控制课堂方式上还有待改进。在教学中，教师缺乏培养学生学习能力的意识，过于重视学生对知识点的掌握，学生的思维能力和理解能力没有得到较好的锻炼，自主学习、主动探究的机会相对较少；教师在控场能力上也有待提升，缺乏适时放手的尝试，长此以往，容易导致学生的学习积极性受挫，影响了教学效率的提升。此外，教师的语言表达、教学思路的条理不够清晰，容易导致课堂氛围枯燥无味，也会在一定程度上影响课堂进度，这就需要教师及时更新观念，努力改善教学的状态和方式。

（三）弘毅教育课堂教学改革的意义

1. 加强学习，提高教师专业水平

教师专业化发展是时代的要求，也是教育发展的必然规律。教师在要求学生培养终身学习意识的同时，也要让自己成为一名终身学习者。除了进行日常教学活动以外，教师要充分利用业余时间不断加强学习，钻研学生发展核心素养、学科素养、课程方案与课程标准等内容，丰富学科思想，提高自身文化素养，促进教师专业化发展。终身学习是现代社会对我们每一个人的要求。作为教育者，更应与时俱进，及时更新教育观念，丰富知识储备，致力于做研究型和学者型教师，主动适应社会对教师专业化、教学管理精细化的要求，走好专业化发展道路。教师只有具备丰富的文化素养和专业知识，才能在课堂上收放自如、深入浅出，提高课堂教学效率，以智慧的光芒吸引学生。教师提高专业水平的过程，对学生也会产生积极的鼓舞作用，促进师生共同成长，共同发展。

2. 以人为本，更新课堂教学观念

新课程理念以人为本，倡导教师为主导、学生为主体，实施自主学习和探究学习为主的教学模式，着重培养学生自主、合作、探究精神，帮助学生

学会学习，发展自我。为进一步实现课堂教学的有效性，教师应当及时更新教学观念，基于以人为本的教学理念全面提升课堂教学效果。教师的专业知识储备直接影响课堂教学效率，教师在教学之余应注意丰富自己的学科知识，学习先进的教学方法，掌握科学的教学理念，了解学生的心理特点，在遵循教学规律的基础上，探索更具有针对性的课堂教学方案。学校应提供充足的校内外学习机会，加强教师之间的交流，构建强大的教师队伍。[1] 学校和教师要始终坚持以人为本的理念，不断改善教学策略和教学方式，从而提升课堂教学的有效性。

3. 素质育人，转变"应试教育"理念

在升学压力下，我们很难避免"应试教育"的影响，教师往往容易受困于台上讲"素质教育"，台下讲"应试教育"的窘境，缺乏创新课堂的有效途径。但"素质教育"是国家教育的大政方针，近年来的教育改革导向表明，招生制度、考试制度、课程改革的号角已然奏响，我国的教育将坚定地朝着"素质教育""核心素养"的方向发展。从长远发展的角度来看，知识与能力虽然重要，但品质与素养比知识与能力更加重要。学生发展核心素养是新时代育人理念，也是新时代对人的要求，课堂教学作为育人的重要阵地，我们必须关照这些内容，努力转变"应试教育"的理念，切不可"捡了芝麻丢了西瓜"，忽视了学生的终身发展需求。

二、弘毅教育课堂改革的特征

（一）以生为本，由"教师中心"转向"学生中心"

1. 激发学生自主学习意识

提高学生学习的主动性，需要把教学的中心由"教"转向"学"。教师要抓住学习生活中的每一个机会，从细微处入手，注重培养学生的自学意识，

---

[1] 杨秀弟. 提高初中化学课堂教学效率的措施分析[J]. 学周刊，2021（3）：37—38.

激发学生的学习兴趣、引导学生培养自主学习的习惯和能力，从而达到培养学生具有终身学习能力的最终教育目标。开展"以学生自主活动为主"的课堂教学，不仅要求教师让学生独立自主地进行探究，更重要的是要求教师以学生学习为主线，关注学生问题生成、实践、操作、思维转化、问题解决的全过程，指导并促进他们由浅入深、由表及里地进行学习探索，进而形成独立思考、实践和学习能力，而不仅仅是放手让学生自学。

2. 培养学生合作学习意识

随着新一轮课程改革的深入和教育观念的不断更新，培养学生的合作意识成为了我国教育改革的必然要求。教师在引导学生培养合作意识的过程中，可以通过创设问题情境营造合作氛围，为学生创造自主探究、合作和交流的空间，在合作学习的教学中，向学生展示合作学习的内容，提出合作学习的目标，充分调动每个学生的积极性。同时，充分考虑每个学生的成绩、爱好和能力，创设合作学习小组开展学习。[①] 此外，教师要注重学生的合作学习方法和协作技能的引导，在教师适时监督的前提下，选择合适的时机开展合作学习活动，从而逐步培养起学生良好的合作学习习惯。

3. 发挥教师主导作用

在强调学生主体地位的同时，教师的主导作用依然是教学过程中不可或缺的重要因素，教学过程中教师的主要任务是引导、启发，依靠学生自身的学习活动来实现教学目标。教学过程首要的是引发求知欲，指引学习门径、活跃思维气氛、提示钻研线索等，对于学生的问题，既不能不理不睬，也不能解答过细，否则会抑制学生的学习热情，使其丧失探索和发现的乐趣。教师要善于利用多种形式、方法，启发学生主动学习，提高学生的思维能力，培养他们发现问题、分析问题、解决问题的能力，从而得到全面的发展，提高素质教育的质量。[②] 在教师可控范围内，适当放手让学生去探索学习，总体方向依然由教师掌握，会更有利于提高学生的成就感。

---

① 闫春森. 探析培养学生的合作学习意识［J］. 新智慧，2018（12）：89.
② 王玉霞. 发挥教师主导作用 提高教育教学效果［J］. 学周刊，2019（29）：120.

（二）注重学习情境，由"抽象知识"转向"具体情境"

1. 增加有效学习情境的体验

经济合作与发展组织（OECD）在"素养的界定与遴选"项目中指出，核心素养着力解决的是提高学生面对复杂情境下的问题解决能力，从而使之能适应飞速发展的信息时代和复杂多变的未来社会。传统教学以学科知识点为核心，传授的知识往往过于抽象，难以形成解决实际问题的能力。真实世界中的问题情境往往更加复杂多元，教师教学中需要注意把抽象问题与真实情境相结合，为学生创设能够利用所学知识解决真实问题的机会。在教学中创设学生熟悉的、直观的、易接受的问题情境，有助于激发学生的感性体验，唤醒学生原有的知识经验，实现真正的理解。教师通过设计、组织教学活动，直接指导、促进互动，帮助学习者实现知识建构；学生在各种学习活动中主动参与，通过持续思考和讨论完成各类学习活动，提高学生对课程及课程共同体的情感认同[1]，从而逐步创设课堂的有效情境。

2. 培养学生解决问题的能力

问题解决的核心是让学生学会灵活地解决问题，并在这个过程中更多地经历和体验知识产生的原始状态，体会到解决问题的不同策略，让每一个学生都有自己对问题的理解，并在此基础上形成自己解决问题的基本策略。教师在鼓励个性发挥的同时，也使学生的创新精神得到培养。[2] 教师在培养学生观察、尝试、交流和思考等学习能力的基础上引导学生形成自己解决问题的方案，让学生在模仿和相互学习的氛围下得到成长，在相对民主的环境中培养学生敢于思考和质疑的习惯，逐步提高学生的实践思维与操作能力。

3. 设想新型课堂形态的构建

在"核心素养"的引领下，一些新的课堂形态如游戏、设计、创作、戏

---

[1] 李利，顾卫星，叶建敏等. 混合学习中大学生教学情境感知对深度学习的影响研究［J］. 中国电化教育，2019（9）：121—127.

[2] 李春秋. 浅谈如何培养学生解决问题的能力［J］. 儿童大世界（教学研究），2018（1）：183.

剧、绘画、游学等会纷纷出现，焕发出勃勃生机。这些学习方式更加真实、自然、综合化，更加符合核心素养引领下的育人实际，不仅有助于学生在完整情境中完成知识的习得，而且还可以通过鼓励学生运用所学知识解决实际问题，实现从已知到未知的飞跃。未来的课堂将知识学习与社会实践、社区服务、参观考察、研学旅行等结合起来，构建以面向真实、富有个性、深度体验为特征的新型课堂，让学生的学习成为"建构世界"（认知性、文化性实践）、"探索自我"（伦理性、存在性实践）和"结交伙伴"（社会性、政治性实践）三位一体的实践，使课堂形态更加丰富，也更加吸引学生。

（三）培养学科素养，由"知识中心"转向"素养中心"

1. 能力转化的素养课堂

学科知识在学生学习和成长当中扮演着重要角色。通过学习学科知识，学生的智能、品德、价值观都打上了学科的烙印，这个过程就是学科素养形成的过程。然而，目前对学科知识教学的过分强调，弱化了由知识转化为学科素养和能力的培养。要扭转知识本位的思想，就一定要在把知识转化、内化和升华为能力与素养上下足功夫。"每个学科对学生的发展价值，除了一个领域的知识以外，应该能够提供一种唯有在这个学科的学习中才可能获得的经历和体验；提供独特的学科美的发现、欣赏和表达能力。"所以，教师需要确立"通过知识获得教育"而不是"为了知识的教育"的教育思想。学科学习的最终目的应该是形成高于学科知识的学科素养。

2. 合作探究的生活课堂

培养学生的学科素养，需要教师创设切合学生生活实际的课堂，巧妙地融入其他学科的知识，为学生的学习创设更丰富的条件和探索的窗口。合作探究的生活课堂包括创设情境生活化、挖掘资源生活化、课堂拓展生活化、设计作业生活化四个方面。课堂上，教师根据自我实践经验与学生学习实际，营造一种富有生活情境的氛围，激活学生的思维，充分结合生活资源与教学内容的联系，让学生观察并感知身边事物的表象和本质。教育的最终目的是能够让学生将知识应用于生活实践，教师在课堂中融入德育教育与学生的生活实践，有助于进一步提升学生的思想道德和文化素养，促进跨学科教学的实现。①

3. 思维活跃的发展课堂

教师可通过对课程内容的适当拓展来提高学生的思维活跃度，通过传授探索知识的方法来激发学生的创新思维。教师在对学生核心素养的培养过程中，不仅需要让学生提高学习效率，也要让学生能维持更高水平的思维活跃度，培养学生的创造能力。在这个过程中，教学工作者应当加强学生的思维培养，让学生能够在学校学习活动中有更多收获。学生思维的培养，需要将客观性与科学性相结合，以此来增强学生对科学精神的认可度，让学生的客观思维能力得以培养，使学生的思维能力在事实论证中得到逻辑性的锻炼。②通过创设相对宽松和民主的课堂环境，鼓励学生形成成长性思维，让学生在训练中体验学习的快乐，收获更多的成长。

第二节　弘毅教育课堂改革的模式

一、弘毅教育课堂改革模式的内涵

（一）弘毅教育课堂改革模式的内涵

弘毅教育课堂改革模式是根据学校实际情况，课中采取教师主导与学生自主学习相结合的"五环教学模式"（简称"20＋25"模式），即"（明确目标

---

① 陈晓辉."生活"：课堂生长的沃土［J］. 师道（教研），2020（10）：93.
② 贺旗. 基于学生核心素养发展的课堂教学改革［J］. 佳木斯职业学院学报，2017（6）：270.

+指导自学）5+分组合作15+展示提升20+巩固拓展5"，这里教师讲授时间等于或小于20分钟，学生自主活动不少于25分钟；课外建立弘毅教育教授系统，即建立起对学生进行提高认识、教授方法、发现自我、确立志向的系列校园文化主题教育体系。通过系统的弘毅主题教育活动，让学生充分认识到人生成功从培养弘毅精神开始的重要性，发掘自身潜力，确定个人发展方向，从而做好个人成长规划，学会有计划、有目标地生活。

（二）弘毅教育课堂改革模式应用的必要性

随着教育现代化的发展、教育体制的改革和育人理念的转变，发达国家纷纷开展了新一轮的课堂教学模式改革。我国的基础教育仍存在着不能满足社会对具备综合性素养和良好精神品质的人才要求的问题，主要体现在基础教育课程多、课时也相对较长等。教师出于责任心，总想把所有的知识点在课堂上都传授给学生，但这种教学方式的消极影响是学生的负担较重，没有独立思考、消化吸收的时间，也没有自主寻求知识、开阔眼界的可能，很难产生学习的兴趣。[1] 很多院校仍然沿用"以教师为中心""填鸭式"等教学方法，学生靠被动接受、死记硬背的方法来学习的现象依然存在，长此以往，将不利于学生的思维锻炼和发展。当前，教育部也采取了一系列措施，旨在让中小学的教学质量实实在在地提升上来，在课程教学改革规划上，积极推进课程改革的实施，减轻学生过重的课业负担，实现学生由被动式减负转向主动式减负的转变。推进中小学教育质量综合评价改革，是推动中小学全面贯彻党的教育方针、全面实施素质教育、落实立德树人根本任务的迫切需要，也是促进素质教育深入实施，促进学生全面发展、健康成长的现实要求。

（三）弘毅教育课堂改革模式的设计原则

构建一个有利于师生互动交流、学生个性发展与均衡发展相互促进的课堂教学模式。课堂模式的设计与实施，直接影响到教师教学与学生学习的效

---

[1] 冯利杰，刘超，谢芬芬等."基于SPOC的翻转课堂"教学模式在医学基础教育中的应用[J]. 南京医科大学学报（社会科学版），2020（2）：184－187.

率和质量，因此，在构建弘毅教育课堂改革模式时，需要从教师与学生的实际情况出发，以提高教学质量、学习质量与效率为前提开展设计①，具体设计原则如下：

第一，弘毅教育课程改革模式应具有可行性和适切性。在满足师生教学需求的同时，课程改革模式的设计应充分考虑教师和学生的实际情况，能够适应学生的能力发展。

第二，弘毅教育课程改革模式在设计时应具有完备性和可塑性，具体到某一科目的课堂时不能生搬硬套、按部就班，而是要可以灵活调整，能随着教育教学的不断发展而调整优化，为学生发展提供更优质的教学资源和条件。

第三，课程改革模式始终围绕着培养学生核心素养目标的达成展开，在充分调动可用的资源和优势条件的基础上为教师开展教学指明方向，提供操作的模板，从而更好地帮助学生培养核心素养和良好品质。

二、弘毅教育课堂教学改革路径探析

（一）改善教师的教育教学理念

以学生发展为本的教学要求教师转变角色，树立新的教学理念，推动学生成为课堂的主角。教师需在课堂改革的要求下，树立正确的教学观，要有创新精神，创造新的课堂教学方法。比如，通过依托"互联网＋"打造智慧课堂，增加学生的课堂参与度，调动学生课堂积极性，活跃课堂氛围，引发学生不断思考、探索和创新。教师的角色要由决策者转变为促进者，让学生成为课堂的主人。② 新课程把教学过程看成是师生交往、积极互动、共同发展的过程，要求教师树立正确的学生观，了解学生的思维，尊重学生的智慧，

---

① 武凝."互联网＋"背景下"智慧教室"的设计与应用 [J]. 无线互联科技，2020 (18)：164－165.

② 齐少卿，王萍，周瑞凡. 准职业人课堂改革下教师教学理念的转变 [J]. 读天下（综合），2020 (27)：127.

倾听学生的声音，爱护学生的好奇心和求知欲；① 主动了解学生的学习情况、感兴趣的内容、已知和未知的知识等，充分利用好学生资源开展活动，学会耐心倾听学生的声音，保护学生的好奇心和求知欲，让学生主动学、有兴趣学、有收获地学习。

（二）改革传统的课堂教学模式

为改善传统课堂中教师讲的时间太长、学生主要为被动吸收的不足，弘毅教育的课堂教学模式采用教师主导与学生自主学习相互配合的方式开展课堂，在对分课堂的基础上进行调整以适应学生实际。课程教学改革的关键是课堂教学活动的改革，把提高教学质量和培养学生多方面能力作为课程教学的改革目标，这个目标是通过"学习的主体是学生"而达成的。两次课之间的时间段就留给学生自主学习，让学生自己去发现问题、解决问题、记录问题，然后在课堂讨论环节上充分、高效地进行讨论，由此还提高了课堂教学生生之间、师生之间的互动性和活跃度。无论是课上的接受学习、讨论学习，还是课下的内化学习，都充分体现了学生"主体型"的学习地位。② 在授课内容上，融入跨学科学习、德育等方面的内容，使课堂教学逐渐向综合性教学方向迈进，为实现素质育人、全科育人做出尝试和探索。

（三）促进教学管理建设的完善

教学管理创新改革过程中，高素质、高水平的管理队伍发挥着不可替代的重要作用。传统模式中，管理者因深受传统管理理念影响，素质能力、管理水平十分有限，致使其管理形式、方法较为陈旧，难以满足现代教学管理需求。③ 任何教学活动都需要教学管理，教师要注重教学管理工作的开展，根

---

① 张彬福. 专家观点：树立正确的学生观［J］. 北京教育（普教版），2008（1）：59—60.

② 华蕊，袁庆丹."学生主体型"教学改革背景下的对分课堂设计与实践：以《理论力学》课程为例［J］. 职业技术教育，2021（2）：29—32.

③ 冯玉香，窦衍钊. 高等教育信息化对教学管理改革的推动探究：评《素质教育背景下高校教学管理制度改革的研究》［J］. 科技管理研究，2020（9）：256.

据具体情况采取相应策略进行管理,锻炼和提升自身管理能力水平。在当前教学管理中,学校要重视加强教师专业培训工作,并鼓励教师积极参与培训,进而提升教师教学水平。其次,学校还可以通过与其他学校组织开展交流活动,为教师之间的交流学习提供机会和平台。此外,教师建立以"学生为本位"的管理理念,在课堂管理上要充分尊重学生的主体地位,将学生的学习需求放在首位。在实际教学中,为学生营造出比较轻松的学习氛围,采用科学合理的方式进行管理。通过改善教学管理方式,能够在一定程度上带动学生参与教学管理活动的积极性[①],并进一步带动总体教学水平的提高。

三、弘毅教育课堂改革的模式设计

(一)弘毅教育课堂模式的构建流程

1. 梳理重组教学内容

教师要合理调整教学内容。有人把教材比作一部小说原著,教师应当既当编剧又当导演,对原著进行创造性修改,让观众看得更舒心,并对下一个剧情有更强烈的观看欲望。教材是教学设计的范本,教师要在尊重教材、理解教材的基础上"改造"教材,只有这样,才能更好地"用教材教",提高课堂教学的有效性。[②] 以教材为基础,对教学内容进行合理调整和重组,发挥教师的想象力和创造力,适当融入生活实际等多方面元素,有助于让学生的学习探究变得更加有序,教师自己教学的思路也变得更清晰;让学生在学中玩,玩中学,促进学生相互学习,提高学习的积极性和创造性。

2. 搭建智慧教学平台

在实施弘毅教育教学过程中,要重视教育信息化推进工作,重视信息化

---

① 刘红枫. 初中教学管理的完善策略探讨 [J]. 都市家教(下半月), 2017 (12): 80.

② 史淑琴. 重组教学内容 引领深度探究 [J]. 湖北教育(科学课), 2016 (5): 16—17.

手段在常态教学、学习、教研、教务、评价、家校互动等日常工作中的应用。以教学为核心，以智慧教学平台建设和应用为抓手，通过区域教学教研的互联互通共建共享，推动信息技术与教育深度融合，充分发挥教育信息化对教育现代化的支撑和引领作用。[1] 为实现多种互动需求，将学生和教师有机联系起来，使不同的教学需求、场景得到满足；提供平台和资源，促进课堂内外有效交流与互动，实现个性化的高效课堂，在提高课堂效率和拓展课外学习资源的同时，为教师更好地了解学生状况提供一定的数据参考。

3. 创建多元评价体系

在教学效果的反馈上，通过创建多元化的评价体系，为学生的发展提供更客观和全面的评价反馈，帮助学生收获更多成功的体验。在评价方法上，教师通过民主性评价，让学生对课堂的效果和内容设计等方面进行评价，根据学生的反馈需求，对课堂教学进行优化设计，使其更符合学生的主体需求；教师进行分层性评价，不同学生在能力和基础上存在较大差异，需要以分层的方式展开评价，从而保证教学评价更有针对性，有助于学生的潜能激发。[2] 在评价阶段，根据不同的教学科目，对学生的不同成长阶段进行不同的评价指标设定；在选取评价方法时，坚持定性评价与定量评价相结合，充分利用微信等社交软件或其他 APP 平台搭建多元化评价渠道，逐渐构建起多元评价体系。

（二）弘毅教育课堂模式的阶段实施

1. 明确目标

教师备大纲、教材及相关知识延伸、拓展迁移内容，包括背景、场景、情感、过程与方法、学生差异、弱势群体、人本、社会等，明确本节课学习目标，向学生展示，作为学生自主学习的"纲"。学习目标要着重考虑学生差异性，根据学生学习情况，相同的科目、相同的年级不同的班，学习目标的

---

[1] 朱鹏，马昌明. 信息化助推区域教研的实践探索：以三明市梅列区智慧教学平台的应用为例［J］. 福建基础教育研究，2020（7）：7—9.

[2] 刘扬. 多元化体育教学评价体系的创建刍探［J］. 成才之路，2019（18）：29.

设定不尽相同，可以或高或低。

2. **指导自学**

苏霍姆林斯基曾说，对于跟不上的学生，老师不应该多给他补课，而应该鼓励他自己深入思考以前的问题，通过自己的努力，把问题真正弄明白。通过增强他的自信心和自尊心，学生自然就会跟上来了。

帮助学生树立自学意识。好的习惯让人受益终身，同样，好的方法可以使学习事半功倍。培养学生的自学意识需要一个过程，我们要有耐性，要持之以恒。只要我们大家都这样去做，经过一定时间之后，学生自主学习的习惯就能养成。

引导学生理清自学思路。教师要为学生编写详尽的学案，告诉学生本节课要掌握的问题和自学的步骤。为学生展示出章节的知识结构、本节所处的地位以及学习目标，让学生知道一节课内要学会什么，怎么去学，学后要达到什么样的目标。这样学生会感觉思路清晰、任务明确，知道课堂上要做什么、怎么做；学习结束后能够了解自己对所学知识是否已经全部掌握。对于未掌握的知识，要求学生记录于课本，便于通过讨论解决。

3. **分组合作**

教师以小组为单位分配学习任务，一般每组完成一项即可。小组领到任务后，自主探究，交流合作，形成自己或小组的最佳解答方案。

4. **展示提升**

这是一个生生、师生、组组互动合作的过程，各小组根据组内讨论情况，对本组的学习任务进行讲解、分析，同时提出疑难问题并进行讨论解决。其他组的同学分享成果，或者在某小组展现时受到启发，又有更好的解答方法。

5. **巩固拓展**

教师以试卷、纸条的形式检查学生对学习任务的掌握情况。对于练习中发现的遗留问题，如果课堂上时间充足，可以引导学生解决疑难，让知识掌握较好的学生帮助解决；或者安排小组长课后组织完成，也可以在下节课指导完成。

（三）弘毅教育课堂改革模式的反思

1. 能否适应不同层次的学生

弘毅教育课堂改革模式在教学资源上具有一定的丰富性，能够适应不同学生的学习需求，为学生学习扩展性知识提供视频等辅助资源，方便学生利用课余时间进行学习。多元化的评价和激励机制对学生的个性化发展具有促进作用，有利于激发学生的学习兴趣，调动学生学习的主动性。在教学面向学生的过程中，教师还需要对教学内容进行调整和优化，为不同层次的学生提供有效学习的契机，及时给予评价反馈和启发。

2. 是否具有可行性和适切性

多元化的新颖教学内容在激发学生学习兴趣上具有一定优势，弘毅教育课堂改革模式在实施初期的适应状况呈现多元的效果，部分学生仍在适应这一模式的过程当中，学习积极性较高，能激发学生主动参与和创造的热情，在未来进一步实施具有较好的可行性。此外，也有学生表现出有额外的负担和压力的消极现象，对这一模式没有深入了解和接纳的意愿，这启示我们需要继续探索和改善，逐步提高弘毅教育模式的可行性和适切性。

3. 是否符合学生的实际情况

弘毅教育课堂改革模式给予学生较为充足的课堂自主学习时间，但在具体实施过程中，由于学生的自控力不强，自学时容易分神或出现漫无目的的随意学习的状况，就需要教师在教学过程中给予学生更为明确的学习目标指引，及时调整课堂气氛，把握课堂总体走向，让学生在良好的课堂氛围中专注投入学习中去，提高课堂效率和质量。同时，教师要把握好内容设计的难度，防止学生因学习任务过重而导致"学习疲劳"现象的发生，并始终围绕"教学服务于学生终身成长"这一中心，及时调整教学的内容和方法。

第三节　弘毅教育课堂改革的策略

随着全面深化课堂教学改革的不断推进，新教学理念与课堂教学融合的现实需要日益显现，为此，中小学课程教学模式以及评价机制需要进行相应改变，课堂改革也需要进一步明确具体实施策略。教师要注重课堂评价体系教学，转变传统的教学策略，促进学生学习能力的有效提升和德智体美劳的全面发展。

一、弘毅教育课堂改革策略实施的动力分析

（一）全面深化课堂教学改革的要求

课堂教学是学校教育的主阵地，是教育改革的重点和难点，也是当今全面提升学校教学质量的主战场。深入进行课堂教学改革，必须找到既符合现代教育规律，又符合学校教学实际的切入点。课改需要共同培育，还需要示范和引领；必须明确任务和目标，才能推动课堂教学改革事业的发展。要实现推进教育公平和提高教育质量两大目标，必须以课改为载体平台，推动人才培养体制改革。要进一步明确学校的办学定位，努力构建师生发展的平台，切实推动课堂教学的多样性发展。[1] 全面深化课堂教学改革的推进需要良好的课堂改革策略实施，促进课堂时间最大效益化，帮助学生养成良好的习惯，减轻教师的工作负担，让学生成为课堂的主人，促进学生自主学习能力与合作学习能力的提升，从而促进课堂教学质量的有效提高。

---

[1] 刘秋泉. 湖南普通高中课程改革样板校建设现场研讨会召开吹响全面深化课堂教学改革的号角[J]. 湖南教育（中旬），2011（12）：12.

（二）新教学理念与课堂教学融合的现实需要

随着新课改的全力推进，教学理念和教学模式也发生新的变化，新教学理念更加注重帮助学生树立正确的价值观，培养他们学习、思考、探索以及实践的能力；在融入课堂教学的过程中，需要教师积极地担起责任，坚持在新教学理念的支撑和指引下全面提升课堂的教学效能。① 新的教学理念融入日常课程与教学之中，注重对学生创新意识和创造能力的锻炼与培养。在开展有效教学的过程中，教师要有宽广的视野，不仅要注重提高课堂教学效率，重视知识和技能的传递，还要以真正地培养全面发展的人为目标，培养学生创新意识与能力。② 教师通过采用合理的策略和方法，运用丰富化的教学手段，以小组合作的学习模式以及多元化的教学评价等方式，激发学生学习兴趣，提升课堂教学效能，实现学生能力与素养的培养和提高，促进新教学理念融入课堂，使其成为教师思想的一部分，也成为课堂理念的一部分。

（三）教学变革需要课堂改革策略的支持

21世纪是经济全球化和信息技术高速发展的时代，时代的发展给人们的工作、生活和学习都带来了系列的改变。为适应这种变化，学生要学会追问和质疑，学会合作和探究，学会在数字化时代的学习和生活中接受变化和挑战，学会关注环境和个人的可持续发展；教师也需要帮助学生，为适应未来复杂多变的社会做好充分的准备。③ 面对全球学习格局，课堂教学结构正在发生着根本性的变革。在倡导"学习型社会"和"终身教育"理念的背景下，我们需要重新界定知识、学习和教育，重申人文主义教育方法。教师能动者开始向学生能动者转换，教材知识开始向"线上＋线下"课程资源转换，"以

---

① 吴东红. 以新教学理念为指引　让化学课堂高质高效 [J]. 读天下，2019（7）：165.

② 曹周天. 具身认知理论引领下的有效教学变革 [J]. 当代教育与文化，2021（1）：40—44.

③ 汤明清. 基于核心素养培育的中职课堂教学变革动因与策略 [J]. 职业技术教育，2020（14）：48—52.

教为主"的规则向"以学为主"的规则转换。旧的课堂教学结构正在被改变，新型课堂教学结构正在形成和发展过程中。[1] 教学的急剧变革要求中小学课堂改革及时实施合理有效的策略，为学生的终身发展提供有力的支持，为迎接新的挑战和发展机遇做好充足有效的准备。

二、弘毅教育课堂改革的具体实施

（一）弘毅教育课堂改革实施策略

1. 优化教学要素，实现高效课堂

教师、学生、教材，是课堂教学体系构建必不可少的重要三要素，只有实现课堂进程中教师、学生、教材等之间的和谐发展、相得益彰，才能实现新课改所提出的"有效教学"目标追求。教师要深挖教材资源，注重活化教材，在开展课堂教学活动过程中，在贯彻落实教材所设置的教学要求和教学目标的同时，引导学生自发探知，深度参与课堂活动。[2] 高效的课堂离不开良好的课堂氛围、合理的教学安排以及师生积极参与的状态。教师要将学生学科核心素养的培养放在关键位置，关注学生的课堂主体地位，通过优化教学主体、教学目标、教学方法、教学资源与教学反馈等方面要素，丰富课程资源，改善和优化教学方法，使课堂结构更加合理和完备，帮助教师、学生和教材构建成课堂教学和谐的统一体，从而逐渐实现教师与学生的共同发展。

2. 优化教学结构

教学是结构的运作过程，教学结构的优化也是教学过程的优化。当前，教学要素存在固化严重的现象，长期遵循传统的教学模式，不求突破和改变。[3] 为此，需要采取有效的措施优化教学结构。教学结构的优化需要教师在

---

[1] 王鉴，王文丽. 结构化理论视角下的课堂教学变革研究［J］. 山西大学学报（哲学社会科学版），2019（3）：91—99.

[2] 赵旭东. 有效教学亦需抓住教学要素［J］. 考试周刊，2017（A5）：56.

[3] 刘志军. 翻转课堂在高校体育教学改革中的价值探析及实施策略探讨［J］. 文体用品与科技，2019（13）：144—145.

充分理解课程标准内涵的前提下，逐步实现课堂教学目标的优化，促进学生综合素养的提升。此外，教师还应在把握整体设计的条件下，促进课堂结构环节优化。课堂教学结构不仅是规定时空中教学活动各个环节或步骤的具体排列，而且是教学目标、教学原则、教学内容、教学方法等在课堂中的直接体现，应该遵循"整体—部分—整体"的最优认识程序，逐步摸索出"目标定向—整体感知—质疑激疑—精巧训练"的高效课堂教学结构形式[①]，从而促进课堂结构环节与教学结构的优化，为实现高效课堂奠定坚实的基础。

3. 形成师生学习共同体

课堂是实现师生、生生间双向互动的交流空间，要改变传统教学中"一言堂"的现象，需要在课堂教学中形成师生学习共同体。在课堂上，师生进行有效的交流与互动，凝聚成一股探究学习的合力，共同完成教与学的任务。教师可以让学生参与到教学设计的环节当中来，在给予学生自学的同时，通过文本或口头指示适时引导学生，与学生交流并共同解决遇到的困难，从而帮助学生系统化地掌握知识，不断优化学生的自主学习能力。此外，教师要促进学生间的相互合作、相互学习，让学生在完成学习任务的同时，学会不断探究、积极思考和发现新问题；通过学生小组合作学习，让学生在其他同学的帮助下解决困难[②]，相互学习，取长补短，形成强有力的学习共同体，让学生在相互促进、共同成长的合作学习氛围下，实现不同层次的学习发展需要得到满足的课堂效果。

（二）弘毅教育课堂改革的具体安排

1. 统一全体教员思想

课堂改革会遇到很多困难，诸如学生懒惰、纪律不好、自学效果差等等，但这些问题都是暂时的，都是可以解决的，只要教师不厌烦、不懈怠、不抗

---

① 周秋华，洪瑶琪. 课堂教学结构存在的问题及优化 [J]. 教学与管理（理论版），2019（12）：74—76.

② 王玉辉. 基于学生自主学习能力的课堂教学改革实施策略 [J]. 福建基础教育研究，2018（2）：35—37.

拒，一切问题都不是问题。著名教育家李镇西在《真课改的三个问题》中指出，课改的核心问题不是课程，也不是教材，更不是教法，而是教师。

课堂改革是一项系统工程，不是某部分人能独立完成的，必须全体教职员工一起努力，相向而为，各司其职，各尽所能，不计较、不埋怨，才有可能顺利开展。因此，我们统一思想，对这次课改形成高度的认同感，积极支持，主动参与，认真按照学校要求进行课堂教学活动，力争在一个学期之内取得成效。

2. 做好学生分组工作

（1）合理分组

级主任、班主任负责分组工作，各科的小组是相同的、固定的。

分组合作采取异质分组的分组原则。以小组学习为基本合作单位，每个小组依据"好""较好""一般"三个层次组合，每组6~8人，设立小组长和副组长各1名。组长是学习带头人，也是"教师助理"，负责指导并解决本组其他同学的学习问题。

每个合作小组的内部成员在性别、性格、学习成绩等方面要具有差异，这样才能保证学习中每个同学各尽所能、互相帮助，并且得到不同的锻炼。为了体现各组之间竞争的公平性，每个组的总体实力应该尽量保持一致。成功的合作小组并非"强强联合"，而应该是"互补"的，从而实现各小组成员在合作过程中优势互补、互相学习、互相帮助。

（2）明确分工

要确定合作学习小组每个成员的分工，可以采取轮换制，如组长、记录员、资料员、报告员等由每个成员轮流担任。组长负责组织管理工作，负责组织小组成员、分配任务、督促组员完成任务等；记录员负责合作过程的记录工作；资料员负责学习资料的收集工作；报告员负责写学习报告，代表小组进行学习成果汇报。

（3）传授合作学习的基本技能

在教学中要让学生学会"倾听""质疑""评价""整合"这些基本的合作技能。小组交流时要善于倾听，不随便打断他人的发言；努力掌握别人发言的要点，对别人的发言作好评价总结。同时还要善于陈述自己的想法，敢于修正他人的观点，虚心接受他人的意见并修正自己的想法；各种不同意见难以统一时，学会保留自己的见解，以便在大组进行探讨。

3. 教师充分准备导学案

导学案就是实施"五环教学模式"的图纸，内容包括"五环教学模式"的教学内容，即教学目标、自学方法指导、分组学习内容、巩固拓展练习。要求备课组团结合作，仔细分工，教师深入备课，充分准备。备课组长协调安排，可以一个人一次，也可以两个人一次。遇到问题，备课组合作探究，提交学校商量处理。

4. 小组及组员互评

每个科任教师都要对各小组及其组员的课堂表现情况评价记录，以便期末考评，促进学生积极参与。教务处制订学生评价手册，坚持制度化开展。

5. 对上课教师的评价

教务处根据本方案制订课堂量化评价表。

6. 课堂改革日程参考

（1）第1、2周，学习动员、准备阶段。

召开备课组长、班主任、科组长、年级主任、行政领导和教工会议，学习方案，统一认识。

年级主任负责年级课堂改革总体工作，并指导班主任做好分组，督促备课组长准备导学案；各学科备课组长带头提前准备本年级两个导学案，为第3周实施做准备。科组长负责教师的业务指导、备课指导学习等。

校级领导分工。各年级每周召开1次备课组会议，由负责年级课改的校领导主持，年级主任负责考勤和记录；在会上提出问题、讨论分析，解决方案以书面形式报校长。

（2）第3周，开始按照本方案的教学模式（"10＋35"模式）上课。

（3）第5周，开始组织示范课、达标课、跟踪课。

示范课：业务校长、教务主任、下级行政、年级主任、科组长、备课组长等带头，采用"10＋35"的模式给老师上课。

达标课：教师经过观摩学习之后按照示范轮番讲课，负责年级课改的校领导、下级行政、年级主任、科组长负责听课检查。

跟踪课：讲课不过关的老师重新展示，直到过关为止。

（4）第14—17周，开展课堂大比武活动，评选校级教学能手。科组长负责，每个科组在高中初中至少各推出1名教师参加。

（5）总结表彰。

学期末，总结课堂改革情况，分析与反思，表彰与鼓励，明确收获和不足，不断完善和凝练。对在课堂改革过程中做出突出贡献的教师进行表彰，树立典型，推广好的做法。

三、弘毅教育课堂改革中教学评价策略的转变

（一）坚持全面发展原则

课程改革的实施离不开科学的教学评价体系。多元的评价策略有助于激励学生全面发展、终身发展，是一种能全面发挥评价功能的评价方式；它不以唯一的标准来对学生各方面的能力进行评价和衡量，而是根据学生具体的情况和差异来评价。在进行教学评价的过程中，教师要做到真诚地鼓励学生，尊重学生，对学生在学习过程中的付出和努力给予肯定，能根据学生的学习水平来评价学生；始终坚持全面发展的原则，从各个方面去全面评价学生的能力和素质，关注学生的身心成长。[1] 教师在课堂中实施多元评价，有助于唤醒学生的思维，促进学生的思考，通过评价引导学生更加深入地理解，使学生在思维的纵深处体验智慧带来的快乐；[2] 让学生在学习中有收获感和满足感，使学习成为一件让人快乐的事情，学生不再为了单纯评价而学习，或者

---

[1] 朱金平. 运用多元教学评价转变英语学习态度的策略分析［J］. 疯狂英语（教学版），2017（7）：145—146.

[2] 陈洪洲. 课堂个性化评价如何关注生命化教育的三个层面［J］. 新课程研究，2006（11）：57—59.

因为结果而否认努力的过程，而是逐渐形成一种因收获改变而满足的成长型思维，享受带给自己启发与收获的学习过程。

（二）注重学生的自评和互评

评价是课程的重要组成部分，是实现课程目标的重要保障，科学的评价体系能让学生在学习过程中体会到成功和进步的喜悦，促进学生综合能力的发展。自评是学生认识自我的重要手段，通过自评不断认识自我、激励自我、调整自我，帮助学生获得正向发展；互评是培养学生协作能力和合作精神的重要途径，帮助学生学会尊重和欣赏他人，团结协作，宽容博爱，拥有承担责任的勇气和担当精神。[①] 在学生评价实施前，教师应给予学生评价方法的指导，共同参与评价标准的制订，自评与互评的内容应包括优点和不足。比如，自评中，对自己需要改进的方面进行评价，体现出一种自我审视的态度，虚心好学的良好形象；而互评中，对他人闪光的地方进行评价，有利于培养学生积极的人生态度。此外，学生学会关注别人优点的同时也是一种自我激励，这样有助于提高学习能力[②]，引导学生在积极的评价氛围下互帮互促，实现共同发展。

（三）评价手段紧贴学生的个性需求

学生是独立完整的个体存在，具有自身的独特个性和特点，教师要尊重学生的个性差异，通过对学生进行个性化评价，引导和帮助学生实现个性的健康发展；充分考虑学生的个性需求，探索个性化评价的实施方案，注重发掘学生的潜能，帮助学生进行自我认识，发现自身的闪光点。在个性化的评价策略下，学生在课堂中的地位将会从被动学习逐渐向主动学习转化，单调、片面的学习模式向多元相互融合的学习模式转化，被动接受和学习知识的方

---

① 齐永福. 我的学习我评价：浅谈学生自评和互评 [J]. 丝路视野，2018（6）：108.

② 陈志山. 议体育学习评价中学生的自评和互评 [J]. 体育师友，2012（6）：59—60.

式向主动构建自己的思维方式转变。个性化的评价手段在很大程度上有助于激发学生的学习积极性,逐步培养学生终身学习的品质和能力[1],有助于实现学生的独立自主发展。这种评价学习的方式将始终伴随学生的学习生活,使学生受用终生。

---

[1] 王博. 高校课堂教学改革下朝鲜语课程教学评价研究与实践［J］. 现代职业教育,2020（27）：44—45.

第六章 弘毅教育的实践效果

没有特色的学校是平庸的，平庸的学校对外缺少吸引力、对内缺乏凝聚力，自身也没有生命力。自 2014 年以来，湛江市第十中学在林文明校长等学校领导的带领下，坚持践行"弘毅教育，彰显特色，健康成长"的办学理念，确立了"弘毅有为、特色兴校"的奋斗目标。近几年来，功夫不负有心人，弘毅之花绽放得格外鲜艳美丽，我校大批弘毅教师、弘毅学生不断涌现，学校也形成鲜明的办学特色，开创了薄弱学校转型发展的新路径。

第一节　弘毅教育的实践成效

回顾这几年来学校的弘毅教育实践历程，弘毅教育理念日趋成熟，并在实践中结出了较为丰硕的教育成果。

一、弘毅校园文化深入人心

（一）弘毅校园文化深受师生欢迎

自学校开展以弘毅教育为主题的特色校园文化活动以来，收到了积极良好的效果。在弘毅校园硬件建设方面，学校充分利用已有资源，在保障师生日常学习生活的前提下，将弘毅教育理念融入校园的一砖一瓦、一草一木，为师生们提供了"润物细无声"的教育，塑造的"弘毅园""弘毅长廊"等弘毅文化景观深受师生们的喜爱。在弘毅校园软件建设方面，学校通过开展丰富的弘毅校园活动来增强学生们对弘毅校园文化的认同感和归属感，也受到了学生们的一致好评。

为更客观地反映师生对弘毅校园文化的接受程度，学校对师生进行了弘毅校园文化建设意见调查，并多次与学生沟通交流。师生们纷纷表示很喜欢这样具有文化底蕴的校园，浓郁的弘毅文化气息不仅让人心旷神怡，更让人有一种春风拂面之感。

（二）弘毅精神得到传承和发扬

弘毅校园文化生活的点点滴滴，早在师生内心中播下了弘毅的种子。这主要表现在师生充分认同学校的弘毅教育理念，并对弘毅教育的理解更为深刻，不仅自觉将"弘毅精神"内化于心，更将"弘毅精神"落实到自己的行动中去。一方面，学生开始把学习当做一种人生态度、一种社会追求、一种社会责任；在校纪校风方面，学生的行为变得越来越规范，散发出积极向上的青春正能量气息。另一方面，教师增强了自身育人的责任感和使命感，积极加强自身学习，努力提高认识，争取为学生带来更好的教育。

（三）促进了和谐校园的建设

自弘毅教育开展以来，学校围绕"弘毅有为、特色兴校"的奋斗目标，进行了校园安全、师生心理、校园文明、校园法治、校园社团等一系列活动。学校通过这些活动，引导学生深刻认识和体会到了弘毅精神不仅适用于学习，还适用于生活的方方面面。此外，学生乐于参与到弘毅校园的各项活动中去，这不仅极大地丰富了学生的校园生活，也促进了学生健康成长。同时，弘毅教育校园文化也增强了师生、生生之间的联系，促进了师生间友谊的建立，形成了浓厚的和谐校园气氛。

二、弘毅教育唤醒学生生命力量

（一）学生的自我认识能力显著提高

弘毅教育旨在帮助学生勇于发现自我、超越自我、成就自我。相对过去学生普遍感到学习压力沉重，却不知道为何要学习的现状，弘毅教育的开展，则让学生重新找准了自己的定位，学生明白了自己在做什么，明白了自己为何而学习，认识到自己将要为何而努力奋斗。在自我认知上，学生目前普遍能客观地对自己进行深刻的认识，明确自己的优点和不足之处；在个人成长规划上，学生对未来的兴趣明显提升，大部分学生都能结合自身实际情况，制订适宜的人生奋斗目标。

（二）学生的自我管理能力大幅度提高

在学生的自我管理能力方面，同样收到了良好的弘毅效果。这主要表现在学生的自我管理和约束能力显著提高,学生的文明习惯明显改善,学生违纪行为大幅度下降。2020年上半年,学校共计处分考试作弊、打架、上网吧、破坏公物、顶撞值周师生等学生28人次;下半年到11月为止,共计处分8人次,被处分人数明显减少。可见,弘毅教育对增强学生的自我管理能力具有促进作用。

此外,学生开始主动学习《弘毅》校本教材的内容,自觉背诵弘毅名人名言激励自我,需要班主任去检查和监督的现象明显减少。

(三)学生的弘毅成才意识明显增强

学生沐浴在弘毅校园文化中,充分认识到培养自己抱负远大、意志坚强的弘毅精神是走向成功的开始。在学校开展的一项学生成功品质调查中发现,学生在自信、诚信、宽恕、谦恭、礼貌、节制、理性、惜时、勤奋、坚强、高效、节俭、整洁、优雅等弘毅成功品质的评价上更倾向于把自己划为A等级,这体现出学生渴望养成弘毅成功品质,成为弘毅出色学生。在"弘毅校园之星""读书弘毅先进个人"等各种先进评选及展示活动中,学生能积极自荐,把自己认为最值得自豪的一面展示给大家,这充分体现了学生弘毅成才意识明显增强。

(四)学生的个性得到关注和发展

学校把学生个性特长的培养和弘毅教育结合起来,以社团活动为载体,建立弘毅演讲团、弘毅读书会、弘毅长跑队、弘毅田径队、弘毅记者团、弘毅文学社、弘毅武术队、弘毅音乐协会、弘毅美术爱好者协会等丰富多彩的学生弘毅社团,鼓励学生从文体活动中弘毅、从兴趣爱好中弘毅,并通过弘毅发掘和培养自己的个性特长。在一系列弘毅社团活动中,学生有效地关注到了自己的特长,并促进了自我的个性发展。

近几年,在全国、省、市举办的各种活动中,我校学生获奖颇丰。2014年、2015年,梁展卓同学分别获得全国中学生书法优秀奖、湛江市少年儿童书法一等奖。2015年,在全国"我心中的平安校园"征文活动中,我校学生黄静雅、刘思思 2 人获全国三等奖，另有 2 人分获省二等奖与省三等奖。2016 年，我校学生参加"品道杯"深圳南山区第八届跆拳道锦标赛，获二等奖 1 名、三等奖 2 名。

三、弘毅教育激励教师弘毅有为

（一）教师的团结合作意识显著增强

在弘毅教育开展过程中，全体教师形成了教育合力，增强了团结合作意识。在对学生进行教育时，教师互相帮助、互相学习，切实做到引导学生形成良好的心理素质，鼓励学生志存高远、磨炼坚强的意志。在弘毅教育实践中，教师们成为了弘毅发展共同体，共同为弘毅教育事业而努力。

以开发校本弘毅教材为例，教师在校本弘毅教材的开发上都发表了自己的意见，并就教材开发存在的问题进行了深入的讨论，教师们协助攻关，最后与学校负责开发教材的专门人员一起进行了教材编写，形成了具有较强针对性的校本弘毅教材。

（二）教师的教研能力明显提升

弘毅教育的开展，极大地促进了教师教研能力的提升。近年来，学校骨干教师带头积极开展校本课题研究，充分利用学科骨干教师、名师的带动辐射作用，形成了浓厚的教研氛围，取得了良好的效果。2016 年，一批校本课题获得湛江市课题立项，甚至获得省重点课题立项。此外，在每年举办的教研成果评奖活动中，我校教师有 10 多篇文章在国家、省、市级以上刊物发表或获奖。如谢润老师撰写的论文《成功教育在政治课堂教学中的尝试》发表在《小作家选刊·教学交流》2014 年第 9 期上，谭文老师撰写的《"老调"还需"常谈"——兴趣是学习地理的最好老师》参加广东省中学地理教学论文评比获省一等奖；林文明校长撰写的论著《学校细节管理执行力》2017 年 6 月由江苏教育出版社出版，邓胜兴副校长撰写的专著《课堂提问的秘密》

2016 年 10 月由西南大学出版社出版。这些教研成果充分显现了教师教研能力的有力提升。

（三）教师的弘毅进取品质得到培养

在弘毅教育实践中，学校注重加强教师队伍建设，由此，学校抓好教师的例会学习、教师的培训和量化考核工作。这些举措不仅促进了教师自我专业能力的提升，更培养了教师的弘毅进取品质。在各种各样的比赛中，我校教师积极参与其中，磨炼提升自己，并获得了可喜的成绩。2016 年 4 月，我校班主任在霞山区中小学班主任专业能力大赛中脱颖而出，吴紫媚荣获一等奖、周巧云荣获二等奖；周巧云随后还代表霞山区参加湛江市中小学班主任专业能力大赛，荣获三等奖。2016 年李菁老师参加湛江市优秀德育论文评比活动，荣获三等奖。市读书征文比赛，许小玲教师获一等奖，莫燕兰等 10 位老师荣获二等奖。曾如发等 3 名教师被评为全国读书活动优秀指导教师。

（四）教师的教育教学手段更加灵活

弘毅教育要求教师在对学生进行教育时，要创造性地将弘毅精神融入教育中去，并且要突出学生的主体地位。在"弘毅课堂"实践中，教师基于核心素养竭力改变课堂教学方式，无论是传递知识、开拓思维、组织活动，还是互动交流，教师在设计和组织教学时要将传统的"以知识点为核心"的教学观念转变为"以核心素养为导向"的教学观念，以"思考""思考力"作为学生学习的关键，这要求教师在教育实践中运用灵活的教学手段来实施教学。经过长时期的训练实践，教师不再拘泥于传统的教学手段，而是根据教学情况的需要，运用合适的教学手段。纵观全校课堂教学实践，教师的教学方法和手段日趋灵活多样，小组合作学习、探究性学习都有所尝试和运用，照本宣科、单纯说教的现象正在减少。

（五）教师的爱校敬岗精神得到培养

弘毅教育实施以来，学校十分注重师德师风建设。由此，教师的爱校敬岗精神也得到了充分的培养，教师积极为学生作出榜样，发挥学校弘毅精神。在竞赛活动上，教师注重提升自我，不断进行自我反思、自我挑战。如，2015 年下半年市、区教育局组织开展高中高效课堂竞赛，我校取得优异成绩，莫燕兰等 6 名老师获得区特等奖，5 名教师获得区一等奖；其中，获得区一等奖的李倩老师代表霞山区参加市高效课堂竞赛，获得市一等奖。在弘毅教育工作上，教师全力以赴，积极拉近与学生的距离，走进学生内心，切实帮助学生解决困难，并自觉承担起自身育人的责任。

四、弘毅教育助力学校特色发展

（一）学校的弘毅教育品牌形成

弘毅教育是我校的生命力所在，近几年学校从实际出发，挖掘自身潜在的校园文化，对师生进行深入持久的弘毅教育，收到了极佳的效果。弘毅教育培养了师生弘毅进取的品质，激励了师生弘毅有为，真正做到了"与其他学校不一样"的教育，形成了自己的办学特色。目前，弘毅教育已成为我校的特色品牌，是我校与其他学校相区别的重要特征。

（二）学校的教育教学质量明显提升

弘毅教育的开展，大大提升了学校的教育教学质量。我校生源虽然起点低，但近年来在我校师生共同努力下，实现了"低进高出"的目标。按广东省普通高中教学水平评估结论，我校学科抽测考试合格率达 92％以上，应届生高考上省大专（含 B 线）以上人数占当年高一入学新生达 60％以上，2014 年优秀生上本科达 108％。2015 年达 130％，2016 年达 384％以上。尤其是2016 年高考，我校取得了较为理想的成绩：6 人考上重点本科，考上普通本科的有 50 人，考上专科的人数达 500 多人，本科完成率达 200％，增长率 85％，列湛江市第四名。高三（12）班陈观增同学高一入学成绩为 585 分，当时这一分数上不了霞山任何一所省一级中学，而该同学在这次高考中考上了第一批本科院校，像这样的成功例子在我校屡见不鲜！

（三）学校的弘毅特色教育获得认可

弘毅教育实施以来，学生找到了自己的发展目标，在学习上的自觉性、主动性也明显增强，学风更加浓郁；社会舆论对我校学生的评价也越来越好。基于此，学校的弘毅特色教育获得了家长们的大力支持。在家长会上，家长们对学校的弘毅教育表现出浓厚的兴趣并给予充分的肯定。此外，实施弘毅教育以来，学校获得了不少荣誉称号，先后被评为湛江市德育示范学校、湛江市高考先进单位、湛江市特色文化校园、湛江市紧急避震演练示范学校、广东省依法治校示范学校、湛江市足球学校、湛江市田径项目传统学校，以及全国、省、市各级读书活动先进单位。

（四）促进学校快速向优质学校转型

弘毅教育的实施，解决了当前学生迷茫和压力沉重、缺乏生活的独立性和自主性、缺乏人际交往的宽容性和灵活性、缺乏追求理想的坚定性和持久性、缺乏面对挫折的准备性和坚韧性等一系列问题，真正为学生的终身发展和成功服务，做到了让教育任务回归教育本源，极大地提升了教育教学质量。同时，弘毅教育铸造出的办学特色，有效地增强了学校的综合实力，开创了一条将薄弱学校转型发展为优质学校的新路径，极大地促进了我校快速向优质学校转型。

第二节　弘毅教育的问题反思

自 2014 年以来，弘毅教育历经 7 年多的实践探索，在推进学校"弘毅有为、特色兴校"的过程中取得了较为可喜的成绩，总结出了一些教育实践经验，获得了较好的社会反响。回顾近几年开展的弘毅教育实践，学校对实践中存在的问题进行了积极反思，以进一步改进实践过程中的不足之处。

一、弘毅教育实践带来的几点认识

（一）弘毅教育需立足学生的终身发展

弘毅教育实施以来，学校立足于学生的潜能发掘，立足于学生的终身成功和幸福，将教育任务回归教育本原，真正做到为教育而教育，收到了良好效果。学校认识到，教育只有立足于学生的终身发展，真正从学生的发展需求出发，才能够引起学生的重视，才能培养学生的学习兴趣。哪个人不渴望自己能够终身幸福和成功呢？我们过去的教育工作为什么会低效，甚至令学生和家长反感呢？这在一定程度上是我们"假大空"的教育目标造成的。

相比过去的教育，弘毅教育之所以能够真正落实到校园中去，能够真正得到家长的支持，正是因为它始终从学生终身发展和幸福的角度出发来组织教育工作。不仅如此，立足学生的终身发展，是当今教育改革的需要，也是时代对教育的必然要求。因此，我们的弘毅教育要始终立足于学生的终身发展，引导学生充分认识自我、树立积极向上的价值观念、培养弘毅有为的良好品质，帮助学生发现自我、超越自我、成就自我。

（二）弘毅教育需要重视学生身心健康

学生的身心健康一直以来都是备受人们关注的话题。重视学生的身心健康，为学生健康成长保驾护航是磨炼学生坚强意志、培养学生健全人格的基础，也是学生好好学习的重要前提条件。弘毅教育开展以来，学校十分重视学生的身心健康，这对学生减缓负面情绪，扫除身心发展障碍起到了重要作用。

在实践中，我们发现，积极对学生的心理进行引导，有利于帮助学生培养健康向上、积极进取的心态，同时有利于增强学生的抗压能力，帮助学生正确处理人际关系等。另外，学校提倡学生主动锻炼身体，在运动中弘毅，有利于发扬吃苦耐劳、艰苦奋斗、刚强坚韧的弘毅精神。由此，学校总结出，弘毅教育需要重视学生的身心健康，方能更好促进学生个人的发展。

（三）弘毅教育需要严密、科学的体系

任何事物的运行都有一定的体系和规律，我们的弘毅教育也同样需要严密、科学的体系。为收到理想的弘毅教育效果，学校积极研讨弘毅教育的理论基础，并探寻其中的规律，最后学校科学地设计各项活动，建立了严密的弘毅教育体系。弘毅教育体系主要包括弘毅校园文化系统、弘毅教师教育系统、弘毅学生教育系统、弘毅教育管理系统和弘毅教育评价系统。严密科学的弘毅教育体系对弘毅教育在校园中有条不紊的实施起到了重要的保障作用。

我们许多学校、老师在做弘毅教育或者其他教育工作时，往往是零打碎敲，一时兴起搞一两次学生活动，或者读一两本书、看一两场电影，缺乏教育的计划性、系统性和整体性，因而无法获得理想的教育效果。而我们学校的弘毅教育实践之所以能取得如此显著的成效，究其原因在于弘毅教育有着严密、科学的体系，它保障了弘毅教育的有效开展。

（四）弘毅教育需践行学校文化教育任务

学校推行弘毅教育的初衷在于，以弘毅教育为突破口，通过弘毅教育活动的探索与实施，培养学生积极向上的心态和健全的人格，激发他们学习热情，使每位学生能够自觉立志成才、探知践行，把学习作为一种人生态度、一种价值追求、一种社会责任，这意味着弘毅教育需要践行学校的文化教育任务。

此外，学生作为中国特色社会主义的未来建设者和接班人，学校的文化教育对学生未来的发展具有重要意义。办好学校文化教育，既是对学生个人负责，也是对社会负责，更是对国家的未来负责。同时，办好学校文化教育，不断提高学校的教育教学质量，为国家培养优秀的人才，也是当今素质教育的重要任务。弘毅教育作为一种促使师生弘毅有为的特色教育，更是应该践

行学校文化教育的任务。

（五）弘毅教育需要认真踏实的实践

弘毅教育不是停留在口头上的教育，更不是一种假大空的教育，而是一种需要贯彻落实到行动中去的教育，是一种看得见、摸得着的教育。弘毅教育贵在坚持认真踏实的实践。积极举办校园弘毅活动，制订相关的弘毅规则，多让学生参与各种弘毅实践活动，让学生在学习中弘毅；尤其是让学生在生活中弘毅，学生的自我激励能力会得到更加有效的培养。我们必须认识到弘毅教育的开展不是一蹴而就的，而是需要经过一系列耐心细致的重复教育、认真踏实的不懈实践，弘毅教育若离开实践，便只能成为纸上谈兵。

二、弘毅教育实践存在的问题思考

（一）弘毅校园硬件配置有待进一步完善

近年来，学校在弘毅校园硬件建设上做出了很大努力。虽然学校极大地改善了办学条件，创造了优良的育人环境，能较好地为师生提供日常服务，但在硬件配置上还存在一些较细微的问题。例如，对运行较慢或者损坏的教育教学设备，未能及时发现并给予更换。此外，各功能室教育教学设施和仪器设备虽已按照省一级要求和国家 A 级标准配备，总体呈现达标状态，但生均仪器设备却相对薄弱。这在一定程度上反映出学校的硬件配置有待进一步完善。

（二）弘毅教育校本教材研发有待多样化

自弘毅教育实践以来，学校开发了相应的弘毅校本教材，也在校园对开发的弘毅校本教材进行了投入使用。经过近几年实践，我们发现，学生对我校开发的弘毅校本教材颇为喜爱，由一开始需要教师监督学习渐渐转变为学生自主学习。但同时，我们也发现弘毅校本教材的问题所在，即开发的弘毅校本教材较为单一，内容和形式均缺乏多样化。目前，现有的弘毅校本教材虽已能较好地满足学生的自主学习需求，但学习是一个不断变化发展的动态过程，我们的弘毅教育校本教材的开发也应该着眼于未来，用发展的眼光去看待弘毅校本教材开发，着力开发多样化的弘毅校本教材，以更好地满足学生的学习和发展需要。

（三）"弘毅课堂"容易陷入"模式化"误区

经过长达七年多的弘毅教育实践的探索，学校积极施行课堂教学改革方案，开展"弘毅课堂"教学模式，即"五环教学模式"（简称"20＋25"模式），即"（明确目标＋指导自学）5＋分组合作15＋展示提升20＋巩固拓展5"，这里的数字表示时间，明确目标和指导自学一共5分钟，教师讲授时间等于或小于20分钟，学生自主活动不少于25分钟。实践证明，"弘毅课堂"教学模式取得了较好的成绩，也对师生产生了较大影响。但这种教学模式在实施过程中，也容易产生弊端。部分教师虽然按照"弘毅课堂"的模式要求，对课堂教学进行时间分配，但却未能根据教材、教参、课标、学情进行整合，缺乏对授课目标和内容的深入研讨，容易陷入"弘毅课堂"教学的"模式化"误区，缺乏课堂教学的灵活性。

（四）弘毅教育家校协同育人方面有待加强

在弘毅教育的探索过程中，学校希望通过努力构建弘毅教育体系，以此唤醒学生的内在动力，加强教师队伍专业建设，促进教师专业发展，激励师生弘毅有为，最终推动学校特色发展，提升教育教学水平，帮助学校快速向优质学校转型。目前，学校在弘毅教育的实践中取得了丰硕的成果，无论是在学生的学习热情方面、教师的专业发展方面、学校的教育教学和教学管理方面，还是在教育教学评价方面，弘毅教育都产生了显著的效果，学校的教育教学水平得到有效的提高，学校也渐渐产生了一定的社会影响力。但弘毅教育的家校协同育人方面却在实践中稍显薄弱，家校互动的平台相对较少。因此，积极搭建弘毅家校互动平台，推动学校与家庭形成教育合力，做好家校协同育人工作还有待在今后的弘毅教育实践中加强。

（五）弘毅教育真正入心入脑尚需努力

弘毅教育在我校开展至今，已有七年多的时间，回顾已有实践成果，可以说是经验颇丰，弘毅教育体系也已相对成熟。但值得注意的是，弘毅教育作为一种激发学生奋发进取、促进学生弘毅有为的精神力量教育，不仅要贯穿到校园文化的硬件建设与软件建设中去，更要以一种创新的方式出现在师生的校园生活中去。同时，弘毅教育也应乘上信息化发展的快车，积极利用最新资源，更加深入地探索弘毅教育。此外，学校还需在实践中适时更新和完善弘毅教育的理论与实践体系，真正激发学生的弘毅情感共鸣，确保弘毅教育落到实处。以上表明，弘毅教育真正做到学生入心入脑，学校尚需付出一定的努力。

第三节 弘毅教育的下步设想

为继续深化弘毅教育，学校在已有的实践基础上，对弘毅教育实践多年以来存在的问题进行了反思，并总结了近年来的弘毅教育经验。学校现对弘毅教育实践进行下步设想，以期在今后的实践中取得更显著的成绩，发挥更好的弘毅教育效果，真正实现学校育人目标。

一、完善弘毅校园硬件配置

（一）师生参与，建立校园硬件监测系统

鉴于当前弘毅校园硬件配置出现一些运行较慢，或者损坏但未及时发现

并给予处理的问题，学校计划建立校园硬件监测系统，让师生参与进来，共同监测校园硬件配置情况。师生作为校园硬件配置的主要服务群体，在日常学习、生活使用中，更容易发现校园硬件配置存在的问题。建立校园硬件监测系统，师生及时反馈校园硬件配置使用情况，有利于学校对存在问题的硬件及时进行检查、维修、更换，更好地为师生提供日常学习、生活服务。同时，建立校园硬件监测系统，可以收集师生对硬件配置提出的宝贵意见，并对校园硬件配置进行追踪评价。这有利于进一步完善校园硬件配置，为师生创造更优质的育人环境。

（二）多渠道筹措资金，适当补给生均仪器设备

针对目前学校硬件配置虽已达国家 A 级标准，总体配备较为丰富，但生均仪器设备却相对薄弱的这一问题。学校拟从多渠道筹措资金，即实践资金除来自政府外，学校将广泛动员社会力量支持弘毅教育实践，包括社会募捐、积极与校外企业合作等。由此，立足学校实际，加大对生均仪器设备费用的投入力度，适当补给生均仪器设备，为学生提供充分的教育设施设备，保障学生应有的教育资源，促进学校教育教学质量进一步提高。

二、开发多样化的弘毅校本教材

（一）开发学科类弘毅校本教材

学校拟从学科知识入手，开发相关弘毅校本教材，改善学校目前弘毅校本教材较为单一的情况。具体而言，学科类弘毅校本教材是立足我校学生学习情况、学习发展需要，为增强学生弘毅意识、帮助学生打牢学习基础，提升学业成绩、增强学生学习自信心而开发的一类弘毅校本教材。其内容主要包括各学科学习经验、学习方法、学习策略，如英语学科的单词巧记、阅读理解方法总结、写作提升训练，物理学科的基本公式理解策略、综合性题目解题方法总结、化学学科的实验步骤总结、化学反应现象理解、归类等等。

开发学科类弘毅校本教材，有利于帮助学生建立一个科学、完整的学习体系，促进学生在学习学科类的弘毅校本教材中收获不同学科的学习策略，并根据自己的实际情况选择合适的方法策略，最后构建自己的学科知识系统。为更好地开发学科类弘毅校本教材，学校拟精心编排各学科相关内容，并在各学科弘毅教材中渗透弘毅教育理念，让弘毅精神在学生的学习中得到发扬。

（二）开发实践类弘毅校本教材

为丰富弘毅校本教材内容体系，学校拟在原有弘毅校本教材基础上，开发实践类弘毅校本教材。弘毅教育贵在坚持认真踏实的实践。学校开发实践类弘毅校本教材，不仅仅是为了增加弘毅校本教材的多样性，更是希望借此深化学生对弘毅教育的理解。鉴于理论与实践相结合可以收到更好的教育效果，拟开发的实践类弘毅校本教材将以弘毅综合实践活动为主体内容，如弘毅文化汇演、弘毅社团日、弘毅体育文化节等活动内容，通过对弘毅各项综合活动的宣扬、学习，学生能从中获得更为丰富的弘毅活动知识，同时进一步感受弘毅校园文化，进而更好地参与到校园弘毅实践活动中去。此外，实践类弘毅校本教材的开发使用也有利于激发学生的弘毅行动热情，帮助学生在实践中弘毅，在弘毅中成长。

（三）开发生活类弘毅校本教材

生活类弘毅校本教材，是学校立足学生长远发展拟开发的一类弘毅校本教材。生活类弘毅校本教材，主要以生活中的小事为载体，从学生的视角讲述学生该如何做好生活中的每一件小事、如何在生活中发扬弘毅精神。通过一件件生活事迹的正反案例对比，可以帮助学生形成正确的价值观念，增强学生的生活弘毅意识，促进学生向教材中的弘毅榜样学习，推动学生将弘毅精神贯穿于生活中的点点滴滴。此外，生活类弘毅校本教材将会对案例中的弘毅品质进行梳理，有效帮助学生内化弘毅精神。

三、走出"弘毅课堂"模式化误区

目前,"弘毅课堂"虽在学校实践中颇有成就,但容易陷入"模式化"误区。针对这种现象,学校拟做好三方面工作,从而走出"弘毅课堂"僵硬的模式化误区。

(一)课前,充分做好备课工作

课堂教学得以有效实施的关键在于教师对教学内容的充分把握和对教学过程的精心设计。[①] 因此,课前充分做好备课工作是学校走出"弘毅课堂"模式化误区拟定的首要步骤。在这一环节中,教师要充分做好备课工作,即教师要在熟知课标的基础下,熟悉教材、教参,能对自己任教班级学生进行较为客观的学情分析。备课时,教师既要立足于学生的实际水平,又要着眼于学生的最近发展区,做好课标、教材、教参、学情整合工作,制订适合的教学方案。这对学生的发展具有重要意义,同时也对课堂教学起到重要的引领作用。

此外,充分做好备课工作,还需要教师成立研讨小组。通过教师集体备课、集中交流等形式对将要实施的"弘毅课堂"教学进行深入研讨,这是防止陷入"弘毅课堂"模式化误区的有效保障。

(二)课中,灵活实施教育教学

课中灵活实施教育教学是学校拟应对"弘毅课堂"模式化误区的第二步骤。学校对实践多年的"弘毅课堂"进行深刻反思,发现"弘毅课堂"陷入模式化误区的原因在于部分教师未能正确理解"弘毅课堂"的教学时间安排。我校"弘毅课堂"虽有明确的时间安排,即"(明确目标+指导自学)5+分组合作15+展示提升20+巩固拓展5",但并不意味着"弘毅课堂"必须僵硬地按照以上时间或顺序来实施教学。对"弘毅课堂"教学时间的正确理解应

[①] 谢鑫. 教学过程最优化理论的有效教学意蕴[J]. 教学研究,2018(1):49—54.

为明确目标和指导自学一共 5 分钟，教师讲授时间等于或小于 20 分钟，学生自主活动不少于 25 分钟，凸显的是学生的主体地位，教师要把课堂真正还给学生。

在课中这一环节，教师须在正确理解"弘毅课堂"时间规划的前提下，根据自己的教学内容灵活实施教学。如针对不同类型的课，可以灵活调整"弘毅课堂"的时间、顺序安排。以写作课为例，教师可以先让学生展示交流自己的想法，接着对学生的观点进行点评；明确目标后，再让学生小组合作，共同探讨更好的写作思路，然后各小组派出一位学生代表展示小组讨论成果，最后教师对学生小组写作思路进行点评、升华。学校灵活实施"弘毅课堂"教学，将有利于突出不同课型的特点，同时激发学生的学习兴趣，提升教育教学质量，促进"弘毅课堂"走出模式化误区。

（三）课后，及时进行教学反思

在实施"弘毅课堂"过程中，部分教师存在课后未能进行教学反思的问题，这也是导致"弘毅课堂"容易陷入模式化误区的重要原因之一。对此，课后及时进行教学反思是学校应对"弘毅课堂"模式化误区拟定的最后一个步骤。

及时进行教学反思，不仅是"弘毅课堂"走出模式化误区的有效途径，更是促进教师专业发展、提升教师能力水平的重要手段。在"弘毅课堂"实施过程中，学校将严格要求教师及时进行课后反思。即教师围绕自己在课堂实施过程中的不足之处进行诊断、归因，积极收集学生们的课堂反馈意见；同时，根据学生对自己的教学评价进行反思，不断总结教学经验，改进"弘毅课堂"实施中存在的问题。

四、加强弘毅教育家校协同育人

（一）搭建弘毅家校交往互动平台

著名教育家苏霍姆斯基说过："若只有学校而没有家庭，或只有家庭而没有学校,都不能单独承担起塑造人的细致、复杂的任务。"目前,我校弘毅教育与家庭教育之间的沟通平台较少,教师大都依靠家长、会同家长进行学生情况的交流。鉴于我校弘毅教育实践在家校协同育人方面的工作还有待加强,学校计划通过搭建家长弘毅委员会、家校网络沟通平台,设置"家长弘毅活动日"等家校交往互动形式,进一步增强学校教育与家庭教育的联系,凝聚家校教育力量,最后推动家校双方共同承担起育人责任。

(二)健全弘毅家校协同育人机制

健全弘毅家校协同育人机制,是学校今后在弘毅教育实践中的重要任务。相关研究表明:父母的积极参与已经成为影响学生时间投入和较高质量完成作业的重要因素。[1] 我校学生的学习热情虽已获得较大的提升,但仍需要相关家庭教育的协同配合。健全弘毅家校协同育人机制,学校将进行三步走计划:第一步,明确弘毅家校共育的理念是践行弘毅教育,促进学生健康成长;第二步,家校双方共同制订育人目标,形成弘毅教育合力;第三步,家校双方践行育人内容,发挥各自优势,取长补短,实现弘毅教育共赢。

五、发展入心入脑的弘毅教育

(一)明确弘毅教育战略规划

弘毅教育战略规划是指弘毅教育理念在校园施行的总体计划和实施策略。明确弘毅教育战略规划,确保战略规划在弘毅教育实践中的引领作用,对我校弘毅教育工作的开展具有重要的战略发展意义。为保证弘毅教育长期有效在校园开展,发展入心入脑的弘毅教育,我校将明确弘毅教育战略规划,切实做好教育实践中的弘毅校园文化系统、弘毅教师教育系统、弘毅学生系统、弘毅教育管理系统、弘毅教育评价系统、弘毅家校协同育人等各部分工作的部署。

---

[1] 李涛. 家庭作业与学习成绩的关系 [J]. 心理科学,2011 (3):642-646.

（二）创新弘毅教育育人途径

发展入心入脑的弘毅教育，学校需要不断创新育人途径；同时，随着现代化技术的不断发展，学校弘毅教育途径也应不断创新。为此，学校拟在教育实践中创新育人途径，增加弘毅教育的新颖性和趣味性。第一，学校将乘上信息化发展的快车，即在弘毅教育实践中融入现代信息技术，积极挖掘弘毅网络教育资源，通过弘毅慕课、智慧云课堂等形式创新育人模式，激发学生的学习兴趣，培养学生弘毅精神；第二，学校将对传统的弘毅教育进行调整，注重弘毅的体验式学习，让学生切实参与到弘毅教育实践中去；第三，学校将建立具有梯度的弘毅榜样激励机制，帮助学生在弘毅活动中不断激励自我、完善自我、提升自我。

后　记

2018年，我牵头申报的"弘毅教育的研究与实践"课题，获准立项为广东省教育科研重点项目。在研究该课题过程中，我对弘毅教育的兴趣愈发浓烈。近段时间以来，我整理了弘毅教育的相关研究成果，本书即在此基础上完成。

弘毅教育是一个值得学者们关注的课题，在我国鼓励学校办出特色、普通高中优质多样特色发展的重要时期，弘毅教育的研究更具重大意义。回顾我当校长的经历，虽几经挑战，但坚信"穷且益坚，不坠青云之志"的弘毅思想，这至今也仍是我奋进的力量。在办学过程中，我们发现学生学习问题、心理问题、品行问题越来越突出，自理能力、抗挫折能力、社会生存能力越来越令人担忧。这让我下定决心研究弘毅教育思想，希望借此凝聚力量，发扬弘毅精神，共同应对办学困境。

近几年来，我们一直致力于弘毅教育的研究，翻阅了不少国内外有关弘毅教育文献。在这些文献中，我们吸收了丰富的弘毅教育理论知识，也积累了不少弘毅教育经验。我们选择弘毅教育，是出于学生发展需要和学校实际的考虑，是学校治理团队经过深思熟虑后作出的决定。弘毅教育与我国的主流价值观念高度契合，对师生的言行起着重要的激励、规范和导向作用。弘毅教育的研究与实践，倾注了我们这几年来全部的心血。在弘毅教育实践过程中，我们曾彷徨过，曾追问自己弘毅教育真的可行吗？弘毅教育真的会激发学生的内生动力，促进学生自觉成长吗？所幸的是，在日复一日的弘毅教育实践中，我们获得了肯定的答案。

在弘毅教育体系构建和实践过程中，弘毅教师教育系统、弘毅学生教育系统、弘毅校园文化系统、弘毅教育管理系统、弘毅教育评价系统等实践均收到良好的效果，弘毅教育能激励师生积极有为、奋发进取，有效提升学校教育质量。不仅如此，弘毅教育实践还给我带来了意外的收获，以弘毅教育为抓手，我们铸造了学校文化特色品牌，增强了学校的社会影响力。可见，弘毅教育是可供各中小学学习和借鉴的。

由于学校行政、教学事务繁忙，我们在整理弘毅教育相关研究和实践成果时，时间较为仓促。同时，在写作过程中，我们深刻体会到了写作的艰辛；尤其是在写作遇到瓶颈期时，我们难免有些焦虑和迷茫。书稿得以完成，离不开岭南师范学院王林发教授的大力支持。在此，我们要特别感谢王林发教授对弘毅教育研究的悉心指导和大力鼓励，感谢他给了我们直面困难、坚持研究的勇气。

目前，本书书稿虽已完成，但我们明白弘毅教育的研究仍在路上，我们将继续做好弘毅教育理论与实践工作，切实做到弘毅教育落到实处。本书不足之处，还请读者朋友们谅解与指正，我们将认真听取您的宝贵意见，并在今后不断完善。同时，我们深切地期盼刚强勇毅的弘毅精神能感召更多的人参与到弘毅教育的探索中来！

作者

2021 年 3 月